niña morena sueña

JACQUELINE WOODSON

VINTAGE ESPAÑOL

Título original: *Brown Girl Dreaming*
Primera edición: agosto de 2021

© 2014, Jacqueline Woodson.
© 2023, Penguin Random House Grupo Editorial USA, LLC
8950 SW 74th Court, Suite 2010
Miami, FL 33156

Traducción: Ximena Gómez
Diseño: Ryan Thomann
Diseño e ilustración de cubierta: Theresa Evangelista

Los poemas "Dreams" y "Poem [2]" de Langston Hughes se reproducen con autorización
de Harold Ober Associates. Copyright 1994 by the Langston Hughes Estate

Impreso en Colombia / *Printed in Colombia*

ISBN: 978-1-64473-329-5

23 24 25 26 27   10 9 8 7 6 5 4 3

Este libro es para mi familia:
en el pasado, en el presente y en el futuro,
con amor.

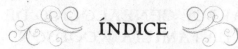

ÍNDICE

ÁRBOL GENEALÓGICO DE LA FAMILIA WOODSON

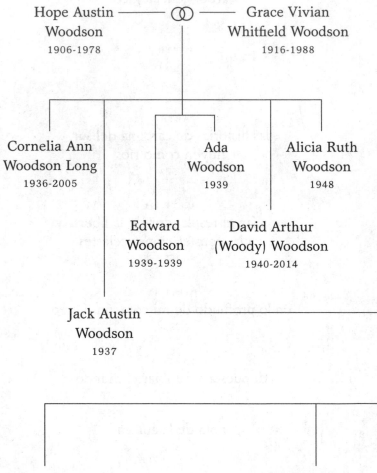

Hope Austin Woodson
1906-1978

Grace Vivian Whitfield Woodson
1916-1988

Cornelia Ann Woodson Long
1936-2005

Ada Woodson
1939

Alicia Ruth Woodson
1948

Edward Woodson
1939-1939

David Arthur (Woody) Woodson
1940-2014

Jack Austin Woodson
1937

Hope Austin Woodson
1960

Odella Caroline Woodson
1961

ÁRBOL GENEALÓGICO
DE LA FAMILIA IRBY

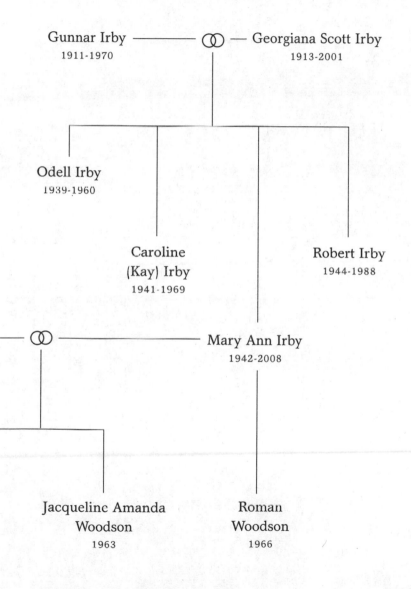

Gunnar Irby —————— ⊙ — Georgiana Scott Irby
1911-1970   1913-2001

Odell Irby
1939-1960

Caroline   Robert Irby
(Kay) Irby   1944-1988
1941-1969

⊙ —————————————— Mary Ann Irby
1942-2008

Jacqueline Amanda   Roman
Woodson   Woodson
1963   1966

Aférrate a los sueños,
pues si los sueños mueren
la vida es un pájaro con las alas rotas
que no puede volar.

Aférrate a los sueños,
porque cuando los sueños se van,
la vida es un campo estéril,
congelado por la nieve.

—Langston Hughes

nací

12 de febrero de 1963

Nací un martes, en el Hospital Universitario
de Columbus, Ohio,
Estados Unidos
un país atrapado

entre el Blanco y el Negro.

Nací no mucho tiempo después de la época
ni muy lejos del lugar
en que
mis tatarabuelos trabajaban
la tierra de honda riqueza
sin libertad
de sol a sol
sin pago
bebían agua fría en calabazas vaciadas
miraban hacia arriba y seguían
en las constelaciones celestes el resplandor
de la libertad.

Nací cuando el Sur estallaba,
demasiada gente durante demasiados años

esclavizada, luego emancipada
pero sin libertad. La gente
como yo
no dejaba de luchar,
ni de marchar
ni de morir
para que hoy,
12 de febrero de 1963
y cada día a partir de ese día,
los niños morenos como yo pudieran crecer
libres. Pudiéramos crecer
aprendiendo, votando, caminando y paseando
como y donde nos diera la gana.

Nací en Ohio, pero
las historias de Carolina del Sur corrían ya
como ríos
por mis venas.

el segundo día en la tierra
de la segunda hija

Mi acta de nacimiento dice: hembra negra
Madre: Mary Anne Irby, 22 años, negra
Padre: Jack Austin Woodson, 25 años, negro

En Birmingham, Alabama, Martin Luther King Jr. está
organizando una marcha a Washington, donde
John F. Kennedy es presidente.
En Harlem, Malcolm X está parado en una tribuna
improvisada hablando de revolución.

Fuera de la ventana del Hospital Universitario
la nieve cae lentamente.
Mucha cubre ya el vasto suelo de Ohio.

En Montgomery, solo han transcurrido siete años
desde que Rosa Parks se negó
a ceder su asiento
en un autobús urbano.

Nací morena, de pelo negro
y ojos muy abiertos.
Nací negra aquí y de color allá

y en otro lugar
Los *Freedom Singers*
se han tomado de los brazos,
su protesta se eleva en un canto:

> *En el fondo de mi corazón creo*
> *que un día venceremos.*

y en otro lugar, James Baldwin
escribe sobre la injusticia, y cada novela suya,
cada ensayo cambia el mundo.

> *Todavía no sé quién seré*
> *qué diré*
> *cómo lo diré...*

Ni siquiera han pasado tres años desde que una niña
 morena
llamada Ruby Bridges
entró a una escuela solo para blancos.
Unos guardias armados la rodearon mientras cientos
de personas blancas la escupían y la insultaban.

Ella tenía seis años.

> *No sé si seré tan fuerte como Ruby.*
> *No sé cómo será el mundo*
> *cuando finalmente pueda caminar, hablar, escribir...*

¡Otra buckeye!
¡Otra castaña de Ohio!
le dice la enfermera a mi madre.
Ya me dan un nombre de oriunda de este lugar:
Ohio, el Estado del Castaño.
Cierro mis puños automáticamente.
Así lo hacen, *dice mi madre,*
todos los bebés.
No sé si esas manos se convertirán
en las de Malcolm, alzadas con el puño cerrado
o en las de Martin, abiertas y solícitas
o en las de James, empuñando una pluma.
No sé si esas manos serán
las de Rosa,
o las de Ruby
finamente enguantadas
cruzadas sobre el regazo
decididas y en calma
en un escritorio,
sosteniendo un libro
dispuestas
a cambiar el mundo...

una niña llamada jack

Ha sido un buen nombre para mí, dijo mi padre
el día en que nací.
No veo por qué
ella no puede llamarse así también.

Pero las mujeres dijeron que no.
Mi madre primero.
Luego cada tía, halando mi cobija rosada,
acariciando la cosecha de mis rizos copiosos
tirando de mis dedos nuevecitos,
acariciándome las mejillas.

Ninguna niña nuestra se va a llamar Jack, dijo mi
   madre.

Y las hermanas de mi padre murmuraron:
Con este Jack ya tenemos suficiente.
Pero de modo que solo mi madre oyera.
Llamen Jack a una niña, dijo mi padre,
y aunque no quiera
tendrá que crecer fuerte.

Si uno la educa bien, dijo mi padre,
hará suyo ese nombre.

Nombra a una niña Jack
y la gente la mirará dos veces,
dijo mi padre.

Por la sencilla razón de que se estarán preguntando
si sus padres estaban locos, dijo mi madre.

Y así siguió el tira y encoge hasta que quedé Jackie
y mi padre se fue furibundo del hospital.

Mi madre les dijo a mis tías:
Pásenme ese bolígrafo, y escribió
Jacqueline en donde pedían el nombre.
Jacqueline, *no vaya a ser*
que a alguien que conozco se le ocurra omitir la i y la e.

Jacqueline, solo en caso
de que yo creciera y deseara algo un poco más largo
y diferente de
Jack.

los woodson de ohio

La familia de mi padre
puede rastrear su historia
hasta Thomas Woodson de Chillicothe,
de quien se decía que
era el primer hijo
de Thomas Jefferson y Sally Hemings.
Algunos dicen
que no es así, pero...

los Woodson de Ohio saben
lo que los Woodson que vinieron antes
dejaron en biblias, narraciones,
historia a través del tiempo,

así que

pregúntele a cualquier Woodson por qué
no es posible rastrear el linaje de los Woodson
sin
encontrar
médicos, abogados y profesores

deportistas, académicos y gente del gobierno,
y les dirán:

Teníamos una ventaja.
Ellos dirán:
Thomas Woodson esperaba lo mejor de nosotros.
Se recostarán, enlazarán los dedos
sobre el pecho,
esbozarán una sonrisa de tiempos muy antiguos
y dirán:

Bien, todo comenzó antes de que Thomas Jefferson
Woodson de Chillicothe...

y empezarán a contar nuestra larga, muy larga
   historia.

los fantasmas de la casa
de nelsonville

Los Woodson son
una de las pocas familias negras de la ciudad
y tienen una casa
grande y blanca en lo alto
de una colina.

Uno mira hacia arriba
para verlos
a través de las altas ventanas
en una cocina llena de la luz
del sol acuoso de Nelsonville. En el salón
una chimenea encendida calienta
el largo invierno de Ohio.

Si uno sigue mirando vuelve la primavera,
la luz ahora es dorada y danza
sobre los pisos de pino.

Hubo un tiempo en que muchos niños
corrían por esta casa
subiendo y bajando escaleras,
escondiéndose debajo de las camas
y en los baúles,

hurtando en la cocina trocitos
de torta helada, pollo frito frío,
gruesas lonjas del jamón acaramelado
que hacía su madre...

Hubo un tiempo en que mi padre fue bebé aquí
y luego un niño...

Pero eso fue hace mucho tiempo.

En las fotos, mi abuelo es el más alto de todos
y mi abuela apenas una pulgada más baja.

En las fotos sus hijos corren a campo traviesa,
    juegan en piscinas,
bailan en salones llenos de adolescentes,

...ahora son todos adultos y todos se han ido.
¡Pero espera!

Mira de cerca:

Ahí está la tía Alicia, una niñita
con los rizos en espiral sobre los hombros,
un ramo de flores entre las manos.
Solo tiene cuatro años en esa foto y ya es
una lectora.

Junto a Alicia hay otra foto, mi padre Jack,
el niño mayor.
De ocho años y molesto por algo
¿o con alguien
que no podemos ver?

En otra foto, mi tío Woody,
muy niñito
riendo y señalando
la casa de Nelsonville detrás de él y tal vez
a su hermano, al final del dedo con el que señala.

Mi tía Anne con su uniforme de enfermera,
mi tía Ada con su suéter universitario,
castaña de Ohio hasta los huesos...

Los hijos de Hope y Grace.

Mira de cerca. Ahí estoy yo
en el cejo fruncido de Jack,
en la maliciosa sonrisa de Alicia,
en la curva de la mano de Grace...

Ahí estoy yo...

Comenzando.

a veces
te dará miedo

Mi tatarabuelo por parte de padre
nació libre, en Ohio,

1832.

Construyó su casa y cultivó su tierra,
luego la cavó para buscar carbón cuando
la cosecha no fue suficiente. Luchó duro
en la guerra. Su nombre está ahora grabado en piedra
en el monumento conmemorativo de la Guerra Civil:

William J. Woodson
Tropas de color de los Estados Unidos,
Unión, Compañía B 5° Reg.

Muerto hace tiempo, pero aún vive
entre los otros soldados
en ese monumento en Washington, D.C.

Su hijo enviado a Nelsonville
vivió con una tía,

William Woodson
el único niño moreno en una escuela blanca.

Te enfrentarás a esto algún día,
nos dirá mi madre
una y otra vez:
Al momento en que entres en una habitación y

no haya nadie como tú.

A veces te dará miedo. Pero piensa en William Woodson
y estarás bien.

sueños de fútbol

Nadie era más veloz
que mi padre en el campo de fútbol americano.
Nadie podía impedirle que cruzara la línea. Y que
  entonces
volviera a marcar.
Los entrenadores miraban cómo se movía,
su zancada fácil, el alcance de sus brazos largos
cuando arrebataban la pelota de su suave funda
de aire.

Mi padre soñaba sueños de fútbol
y se despertó con una beca
en la Ohio State University.
Ya grande
vivía una vida de gran ciudad
en Columbus
a solo sesenta millas
de Nelsonville
y desde allí
la Interestatal 70
podía llevarte al oeste de Chicago
la Interestatal 77 podía llevarte al Sur,

pero mi padre decía
que a ningún *buckeye*
a ningún castaño de color de Ohio medianamente
   cuerdo
se le ocurriría ir al Sur.

Desde Columbus, decía mi padre,
puedes ir a casi
cualquier parte.

la memoria de otras personas

Naciste en la mañana, decía la abuela Georgiana.
Recuerdo el sonido de los pájaros. El graznido
de los viejos arrendajos azules. Les gusta pelear, ya sabes.
¡No te metas con los arrendajos!
Oí decir que son capaces de matar a un gato
si se enojan mucho.

Y entonces empezó a sonar el teléfono.
A través de las interferencias y los graznidos
oí a tu madre decirme que habías llegado.
Otra niña, me quedé pensando,
tan cerca de la primera.
Como tu mamá y Caroline. Ni siquiera
hay un año entre las dos, tan cercanas que apenas podía
    decirse
dónde terminaba una y empezaba la otra.
Y por eso sé que llegaste en la mañana.
Así es como lo recuerdo.

Llegaste al final de la tarde, dijo mi madre.
Dos días después de que yo cumpliera veintidós.
Tu padre estaba en el trabajo.

Tomó un autobús en la hora pico
intentando
alcanzarte. Pero
cuando llegó,
tú ya estabas aquí.
Llegó tarde, dijo mi madre,
pero eso no es nada nuevo.

Tú eres la que nació casi de noche,
  dice mi padre.
Cuando te vi, dije: La pobre,
salió igual a su papá.
Se ríe. *De una vez le dije a tu mamá:*
a esta la vamos a llamar como yo.

Mi hora de nacimiento no estaba escrita
en el certificado, y luego se perdió de nuevo
en la mala memoria de los demás.

no se aceptan devoluciones

Cuando mi madre regresa a casa conmigo
del hospital
mi hermano mayor mira dentro
de la cobija rosada y dice:
devuélvela, ya tenemos una de esas.

Ya tenía tres años y aún no entendía
por qué, a veces, algo tan pequeño y nuevo
no se puede devolver.

cómo escuchar número 1

En algún lugar de mi cerebro
cada risa, lágrima y canción de cuna
se vuelve *recuerdo*.

tío odell

Seis meses antes de que mi hermana mayor naciera
un carro atropelló a mi tío Odell
mientras estaba de permiso de la Marina
en su casa de Carolina del Sur.

Cuando sonó el teléfono en la casa de Nelsonville,
tal vez mi madre estaba colgando la ropa,
o abajo en la cocina
hablando suave con su suegra Grace,
echando de menos a su propia madre y su propia casa.
Tal vez el carro estaba ya cargado para el viaje
de regreso a Columbus, el lugar que mi padre
llamaba la Gran Ciudad, ahora el hogar *de ellos*.
Pero todos los sábados por la mañana manejaban
una hora hasta Nelsonville, y se quedaban
hasta el domingo por noche.

Tal vez justo antes de que el teléfono sonara
el día siguiente iba a ser solo

un día más.

Pero cuando la noticia de la muerte de mi tío
viajó desde Carolina del Sur, el lugar de su caída,
hasta la fría mañana de marzo en Ohio,
mi madre volteó a mirar un día gris
que la cambiaría para siempre.

Tu hermano

le escuchó decir mi madre a su propia madre
y luego hubo un bramido en el aire que la rodeaba
un dolor desconocido donde antes no había dolor
un vacío donde antes
ella estaba entera.

buenas noticias

Meses antes de que el invierno castaño
frío hasta los huesos
se posara en Ohio,
la última luz de septiembre trajo

a mi hermana mayor,

llamada

Odella Caroline, por mi tío Odell
y mi tía Caroline.

En Carolina del Sur suena el teléfono.

Mientras avanza hacia él, la madre de mi madre
cierra los ojos,
y luego los abre
para echar un vistazo a su jardín.
Cuando lo alcanza,
mira cómo la luz se cuela
entre las gruesas agujas de pino,
todo queda salpicado con la suave luz de septiembre...

Con la mano en el teléfono, ahora,
lo levanta
orando en silencio

por las buenas noticias
que el frío suave de otoño
trae por fin hacia ella.

mi madre y grace

El Sur hermana a mi madre
y a Grace, la madre de mi padre.
La familia de Grace también es de Greenville.
De modo que mi madre es para ella
el hogar, de una forma que sus propios hijos
no pueden entender.
Ya sabes cómo son los Woodson, dice Grace.
Los Woodson y el Norte para acá y para allá,
y hace sonreír a mamá, la hace recordar
que Grace también fue otra antes.
Recuerda que Grace, como mi madre,
no fue siempre una Woodson.

Son el *hogar* la una para la otra,
para mi madre Grace es tan familiar
como el aire de Greenville.

Ambas conocen aquella forma sureña de hablar
sin palabras, y recuerdan que cuando
el calor del verano
podía derretir la boca,
los sureños se quedaban callados,

miraban a lo lejos,
hacían un gesto con la cabeza hacia quién sabe qué,
pero ese gesto callado decía todo
lo que todos necesitaban escuchar.

Aquí en Ohio, mi madre y Grace
no le temen
al exceso de aire entre las palabras, y se contentan
tan solo con que haya otro cuerpo familiar
en la habitación.

Pero las escasas palabras en boca de mi madre
se esfuman
luego de la muerte de Odell
hubo un silencio diferente
que ninguna de ellas conocía.

Lamento lo de tu hermano, dice Grace.
*Supongo que Dios lo necesitaba de regreso y te envió una
    niña.*
Pero ambas saben
que ese agujero que dejó su ausencia
todavía no está lleno.
Umjú, dice mi madre.
Bendice a los muertos y a los vivos, dice Grace.
Luego hay más silencio,
ambas saben
que no queda más nada que decir.

cada invierno

Cada invierno
justo cuando la nieve empieza a caer
mi madre se va a casa, a Carolina del Sur.

A veces,

mi padre va con ella, pero
casi siempre no.

Así que se monta sola en el autobús.
El primer año con uno,
el segundo con dos,
y finalmente con tres hijos, Hope y Dell
aferrados cada uno a una pierna
y yo en sus brazos.
Siempre hay una pelea antes de salir.

Ohio

es donde mi padre quiere estar,
aunque para mi madre
Ohio nunca será el hogar

a pesar

de cuantas plantas meta

cada invierno en la casa y les cante en voz baja;

la cadencia de sus palabras es una bocanada

de aire cálido que cubre cada hoja.

A cambio, ellas mantienen su color

aun cuando la nieve empieza a caer. Un recuerdo

del verde Sur profundo. Una promesa de vida

en algún lugar.

travesía

Quédense con el Sur, dice mi padre.
Por como nos trataban allá abajo,
yo saqué a tu madre de allí tan pronto pude.
La traje aquí al Norte, a Ohio.

Le dije que nunca habría un Woodson
que se sentaría atrás en el autobús.
Nunca un Woodson tendría que decirle
Sí señor, No señor a gente blanca.
Nunca a un Woodson lo mandarían
a bajar la mirada.

Todos ustedes, hijos, son ya lo bastante fuertes, dice mi
    padre.
Todos ustedes, niños Woodson, merecen ser
tan buenos como ya son.

Sí señorrrr, con todo respeto, dice mi padre.
Quédense con su Carolina del Sur.

greenville,
carolina del sur, 1963

En el bus, mi madre avanza hacia atrás con nosotros.
Estamos en 1963,
en Carolina del Sur.
Demasiado peligroso sentarse adelante
     y retar al conductor
a que la obligue a cambiarse. No con nosotros. No
     ahora.
Yo de tres meses en sus brazos, mi hermana
y mi hermano apretujados a su lado en el asiento.
Camisa blanca y corbata, la cabeza de mi hermano
     bien afeitada.
Cintas blancas
en las trenzas de mi hermana.

Siéntense derechos, dice mi madre.
Le dice a mi hermano que se saque
     los dedos de la boca.
Ellos hacen lo que se les pide,
pero no saben por qué tienen que hacerlo.
Esto no es Ohio, dice mi madre,
     como si entendiéramos.
Su boca una rayita de lápiz labial, su espalda

punzante como una línea.
¡PROHIBIDO PASAR!
¡LAS PERSONAS DE COLOR ATRÁS!
Bájese de la acera si un blanco viene hacia usted,
no lo mire a los ojos. Sí, señor. No señor.
   Mis disculpas.
Sus ojos miran al frente, mi madre
está a millas de distancia de aquí.

Luego su boca se suaviza, mueve la mano gentilmente
sobre la cabeza cálida de mi hermano. Él tiene tres
   años,
sus ojos asombrados, abiertos al mundo, sus orejas
   enormes
escuchándolo todo. *Somos tan buenos como cualquiera,*
susurra mi madre.

Tan buenos como cualquiera.

en casa

Pronto...

Estamos cerca de la casa de mis otros abuelos,
    de piedra roja y pequeña,
un inmenso patio la rodea.
Hall Street.
Un columpio en el porche delantero
sediento de aceite.
Una maceta de azaleas en flor.
Un pino.
Polvo rojo revoloteando alrededor
de los zapatos recién pulidos de mi madre.

Bienvenidos a casa, dicen mis abuelos.
    Sus brazos morenos y cálidos
nos abrazan. Un pañuelo blanco,
    bordado de azul,
para secar las lágrimas de mi madre.
Y yo, la bebita recién nacida,
acurrucada bien hondo
en ese amor.

los primos

Es el cumpleaños de mi madre y la música
se oye a todo volumen.

Los primos la rodean, igual que antes
   de que se fuera.
Los mismos primos con los que jugaba de niña.
Te acuerdas, le preguntan,

¡de cuando le robamos el pastel de durazno a la señora
   Carter
del alféizar de la ventana!,
¡de cuando nos atascamos en aquella zanja debajo de la
   casa de Todd!,
¡de cuando brincamos la cerca y nos colamos en la piscina
   de Greenville!
¡No teníamos miedo de que nos arrestaran o nos
   dispararan!
¡Nadie iba a decirnos dónde podíamos o no podíamos nadar!

Y ella se ríe al recordar todo eso.

En la radio, Sam Cooke está cantando
   "Bailando twist hasta que la noche se vaya".

Los primos han venido de sitios tan distantes como
    Spartanburg,
los muchachos vestidos con pantalones ajustados,
las muchachas con faldas floreadas que se arremolinan
cuando giran haciendo que la noche se vaya bailando
    twist.
El prometido de la prima Dorothy le aprieta la mano
mientras bailan.
El primo Sam baila con mamá, listo para agarrarla si
    se cae, según dice,
y mi madre recuerda cuando era una niña asustada,
    asustada, mirando hacia abajo
desde lo alto de un árbol
y veía a su primo allí, esperando.

Sabíamos que no te ibas a quedar en el Norte, dicen los
    primos.
Eres de aquí como nosotros.
Mi madre echa la cabeza hacia atrás,
    el pelo recién planchado y rizado le brilla,
su sonrisa es la misma que tenía
    antes de irse a Columbus.
Es MaryAnn Irby otra vez.
    La hija menor de Georgiana y Gunnar.

Está en casa.

bus de la noche

Mi padre llega en un autobús nocturno, su sombrero
en la mano.
Ya es mayo y llueve a cántaros.
    Más tarde, cuando deje de llover,
vendrá el dulce olor a madreselva, por ahora
solo está lo que cae del cielo y las lágrimas de mi
    padre.
Lo siento, susurra.

Por ahora la pelea se acabó.

Mañana regresaremos en familia
a Columbus, Ohio,
Hope y Dell se pelearán por un lugar
en el regazo de mi padre. Greenville
con su manera distinta de hacer las cosas
se pondrá cada vez más chiquita detrás de nosotros.

Por ahora, mis padres se abrazan
    bajo la cálida lluvia de Carolina.

No hay pasado

ni futuro.

Solo este perfecto Ahora.

después de greenville 1

Una vez que se fríe el pollo, se lo envuelve en papel
   de cera
y se guarda con cuidado en cajas de zapatos
   que se amarran con una cuerda...

Una vez que se pica el pan de maíz en porciones,
los melocotones se lavan y se secan...

Una vez que se vierte el té dulce en frascos
   bien apretados,
que las yemas endiabladas se ponen con cucharita
   en su lecho de clara
y se colocan con delicadeza en tazones de porcelana
   que ahora son de mi madre, un regalo
de su madre para que la acompañe en el viaje...

Una vez que se mete la ropa doblada en las maletas,
las cintas del pelo y las camisas lavadas y planchadas...

Una vez que mi madre se pone su pintura de labios
y los pelitos que pican de la barba de mi padre ya no
   están...

Una vez que nos cubren el rostro
con una fina capa de vaselina y nos la limpian
    suavemente
con un paño fresco y húmedo...

entonces llega el momento de decir adiós,
    nosotros, los niños,
nos apretamos contra el delantal de mi abuela
que se seca las lágrimas con un rápido parpadeo...

Una vez que cae la noche
    y los morenos pueden
salir del Sur sin peligro de ser detenidos,
a veces golpeados
y siempre interrogados:

¿Eres uno de esos Freedom Riders?
¿Eres de la gente de los derechos civiles?
¿Qué te da derecho a...?

Nos subimos al autobús Greyhound
con destino a Ohio.

ríos

El río Hocking es un brazo que
se aparta del río Ohio,
corre a través de los pueblos
como si buscara su libertad, así como el río Ohio
corre hacia el Norte desde Virginia
hasta que está lo suficientemente lejos
del Sur.

Cada pueblo por donde pasa el Hocking
cuenta una historia:
Athens,
Coolville,
Lancaster,
Nelsonville,
cada uno
espera que el agua del Hocking lo lave. Luego

como si el río recordara de dónde es
    y a qué pertenece
se regresa, se vuelve a unir con el Ohio
    como si dijera:

Lo siento.
Como si dijera:
*Me fui de aquí pero
ya regresé a casa.*

al dejar columbus

Cuando mis padres pelean por última vez
mi hermano mayor tiene cuatro años,
mi hermana casi tres,
y yo acabo de celebrar mi primer cumpleaños

sin celebración.

Solo hay una fotografía de ellos
     de la época en que vivían juntos,
una foto de boda arrancada de un periódico local.
Él con traje y corbata,
ella con vestido de novia, hermosa,
aunque ninguno de los dos
sonríe.

Solo una fotografía.

Tal vez el recuerdo de Columbus era demasiado
para que mi madre pudiera guardarlo
por más tiempo.
Tal vez el recuerdo de mi madre
era una piedra que dolía en el corazón de mi padre.

¿Pero, cómo eran las cosas
cuando ella finalmente lo dejó?

Una mujer de casi seis pies de altura, erguida
y orgullosa, bajando
por una fría calle de Columbus
con dos niños pequeños a su lado
y una bebé que todavía gateaba
en sus brazos.

Mi padre, cuya piel morena rojiza
más tarde me recordaría
la tierra roja del Sur
y toda la riqueza que hay en ella,
de pie en el patio, con una mano
en la barandilla negra de metal, levantando la otra
y moviéndola apenas para decir adiós.

Como si fuéramos simplemente unos invitados
que se van después de una merienda dominical.

las historias
de carolina del sur
fluyen
como ríos

nuestros nombres

En Carolina del Sur nos convertimos en
Los nietos,
Los tres pequeños de Gunnar,
Los nietos de la hermana Irby,
Los bebés de MaryAnn.

Y cuando nos llaman por nuestro nombre
mi abuela los convierte
en uno solo:
HopeDellJackie,
mientras mi abuelo
se toma con suavidad todo su tiempo
pronunciando cada nombre
como si tuviera todo el día por delante

o la vida entera.

ohio queda atrás

Cuando le preguntamos a nuestra madre
cuánto tiempo estaremos aquí, a veces dice *por un*
   tiempo
y a veces nos dice que no preguntemos más,
porque no sabe cuánto tiempo nos vamos a quedar
en la casa donde ella creció,
en el lugar que conoció siempre.

Cuando le preguntamos, dice
que ella era de aquí
pero su hermana Caroline, nuestra tía Kay,
se mudó
al Norte,
su hermano Odell está muerto
y su hermano pequeño, Robert, dice que ya casi
   ahorró
suficiente dinero para seguir a Caroline a Nueva York.

Tal vez yo también debería irme para allá, dice mi
   madre.
Todos los demás, dice,
consiguieron un nuevo lugar donde vivir.

Todos los demás
se fueron.

Y ahora regresar a casa
no es para nada regresar a casa de verdad.

el huerto

Cada primavera
la tierra oscura de Nicholtown
se llena con la promesa
de lo que la tierra le puede devolver a uno
si la trabaja,
si siembra las semillas,
si arranca las malas hierbas.

Mi abuelo sureño se libró de ser esclavo
por una generación. Su abuelo
fue propiedad de alguien.
Su padre trabajó la tierra
de sol a sol
por la promesa de algodón
y por escasa paga.

Así que él cree en lo siguiente:
Uno mete las manos en la tierra fresca
hasta que la tierra le devuelve a uno
cuanto le pidió.

Arvejas y repollos,
pimientos verdes y pepinos,
lechuga y melón,

bayas y melocotones y un día
cuando pueda, dice mi abuelo,
voy a averiguar cómo plantar mi propio nogal de pecanas.

Dios le da a uno lo que necesita, dice mi abuela.
Es mejor no pedirle más.

Umjú, dice mi abuelo,
y regresa a trabajar la tierra,
para sacarle todo lo que necesitamos

y mucho más.

los hijos de gunnar

Al anochecer, justo cuando las luciérnagas titilan,
mi abuelo retoma
su camino a casa.
Lo vemos venir despacio, a lo lejos, por la calle,
su lonchera plateada tropezando suavemente
contra la pierna. A medida que se acerca
lo oímos cantar:

Where will the wedding supper be?
Way down yonder in a hollow tree. Uh hmmm

¿Dónde será el banquete de boda?
Allá bien abajo, en un árbol hueco. Ajá, ajá...

Good evening Miz Clara. Evening, Miz Mae. How's
that leg, Miz Bell?
What you cooking, Auntie Charlotte, you thinking of
making me something to eat?

Buenas noches, Miz Clara. Buenas noches, Miz Mae.
¿Cómo está esa pierna, Miz Bell?

¿Qué estás cocinando, tía Charlotte?
¿estás pensando hacerme algo de comer?

Su voz repica por Hall Street
da vueltas por todo Nicholtown
y tal vez va más allá, al grande, vasto mundo...

Tal vez arriba en Nueva York,
la tía Kay lo escucha
y sueña con regresar a casa...

Cuando está lo bastante cerca, corremos
los tres, trepamos a él cómo a un árbol
hasta que se ríe a carcajadas.

Lo llamamos papaíto.
Así lo llama nuestra madre.
Eso es lo que sabemos por ahora.

Nuestro papaíto parece más alto que todos los demás
en todo Greenville.
Más guapo también...
Su mandíbula cuadrada y sus ojos castaño claro
son muy distintos de nuestras caras
estrechas y nuestros ojos oscuros.
Y su mano es cálida y fuerte cuando sostiene la mía
    mientras brinco a su lado
y el viento se levanta alrededor de nosotros.

Él dice:
Todos ustedes son hijos de Gunnar.
No lo olviden nunca.

No lo olviden nunca...

Así son las tardes de Nicholtown
cuando papaíto
regresa a casa,

yo
me arrojo a sus brazos,
los demás
dan vueltas alrededor de él
todos sonreímos
todos hablamos
todos lo queremos mucho.

al final del día

En la imprenta trabajan hombres blancos
junto a papaíto.
Como sus dedos se ennegrecen con la tinta,
al final del día, con las palmas hacia arriba,
es difícil decir quién es blanco y quién no. Sin embargo,
ellos llaman Gunnar a mi abuelo,
a pesar de que él es el capataz
y deberían llamarlo
señor Irby.
Pero él mira a los ojos a los hombres blancos
y ve que muchos no entienden
que un hombre de color
les dé órdenes.
Es algo nuevo. Demasiado pronto para ellos
el Sur está cambiando.

Algunas veces no escuchan.
Algunas veces se apartan.
Al final del día el periódico está impreso,
las máquinas se apagan y cada hombre
marca su tarjeta y sale,

pero en Nicholtown solo la gente de color
regresa a casa.

Aquí no puedes mirar a la derecha, a la izquierda,
hacia arriba o hacia abajo
sin ver gente morena.
Pueblo de color, pueblo moreno. Incluso se usan
algunas palabras mezquinas
para referirse al lugar donde vivimos.

Mi abuela nos dice
que ese es el estilo del Sur. *Las personas de color solían*
    quedarse
en donde les decían que se quedaran, pero
los tiempos están cambiando
y a la gente le está provocando mucho
ir a donde quiere ir.

Pero ahora que termina este día,
estoy feliz de ser
de Nicholtown.

trabajo por día

Hay trabajo por día para las mujeres de color.
En la mañana sus cuerpos oscuros
llenan los autobuses
que cruzan la ciudad
y las llevan de Nicholtown
al otro lado
de Greenville
donde viven los blancos.
Nuestra abuela nos lo dice
mientras se pone un sombrerito
con un broche de topacio en la cabeza
y se coloca guantes blancos
en sus suaves manos morenas.
Dos días a la semana se suma a esas mujeres
porque tomó un segundo trabajo ahora
que hay cuatro bocas más que alimentar
y el dinero que obtiene
enseñando a tiempo parcial
ya no es suficiente. *No me avergüenzo*, dice,
la limpieza es algo que sé hacer. No me avergüenzo
si alimenta a mis hijos.

Cuando regresa al final de la tarde, tiene las manos
descoloridas de tanto lavar ropa de otra gente,
casi siempre a mano,
tiene los tobillos hinchados de tanto estar de pie
todo el día
tendiendo camas y barriendo suelos,
sacudiendo el polvo de las cortinas,
recogiendo cosas de los niños de los demás,
cocinando, y la lista
no se acaba nunca.
Que ninguno de ustedes trabaje nunca por día, nos
   advierte.
Yo lo hago ahora para que ustedes no tengan que hacerlo.
Y tal vez en todo Nicholtown, otros niños
escuchan lo mismo.

Traigan las sales de Epsom, dice,
se echa hacia atrás en su mullido sillón marrón
y cierra los ojos.
Cuando ella no está sentada en su sillón,
Hope, Dell y yo nos apretamos uno contra otro
y, aun así, queda espacio
para uno más.
Llenamos un recipiente con agua tibia,
echamos las sales, las revolvemos y con cuidado
lo llevamos hasta sus pies. Peleamos para ver quién le
frota la hinchazón de los tobillos a mi abuela,
la sonrisa le vuelve al rostro,

las historias regresan a la habitación
tan cálida.

Podrías haber comido lo que se cayó al piso
cuando me fui hoy de esa casa,

empezaba mi abuela,
dejando escapar un hondo suspiro.

Pero déjenme decirles que
cuando llegué esta mañana, uno hubiera pensado
que el mismísimo diablo había pasado por ahí...

canción de cuna

Por la noche,
todos los seres vivos compiten
por la oportunidad
de hacerse escuchar.
Los grillos
y las ranas llaman a voces.
A veces, se oye el suave
uh-uh de un búho
perdido entre los pinos.
Incluso los perros no descansan
hasta haberle aullado
a la luna.

Pero los grillos siempre ganan.
Mucho después
de que las ranas dejan de croar
y el búho ha encontrado su camino a casa,
mucho después de que los perros se han echado
vencidos por el sueño,
los grillos siguen
como si supieran que su canto
es nuestra canción de cuna.

tiempos bíblicos

Mi abuela guarda su biblia en un estante
al lado de su cama. Cuando el día termina,
lee en voz baja para sí misma,
y por la mañana nos cuenta las historias
de cómo Noé escuchó
la palabra de Dios,
puso dos animales de cada especie en su arca,
esperó a que llegaran las lluvias y flotó a salvo
mientras los pecadores se ahogaban.

Ya es de mañana. Surcamos a salvo
la noche de Nicholtown y
nuestras oraciones vespertinas:
Jehová, por favor, danos otro día,
recibieron su respuesta.
Panecillos calientes con mantequilla
se detienen
a medio camino de nuestra boca. *¿Cuánta lluvia*
se necesitó para destruir a los pecadores?
¿Qué mentiras dijeron para morir de esa manera?
¿Qué tan fuerte era la lluvia cuando llegó?
¿Cómo supo Noé que la cobra no mordería,
el toro no atacaría y la abeja no picaría?

Nuestras preguntas son rápidas
pero tenemos ganas de cuentos
más que respuestas,
de modo que cuando mi abuela dice:
¡Cállense para que les pueda decir!
así lo hacemos.
El sueño de Jacob de una escalera al cielo
y Jesús rodeado de niños. Moisés
en la montaña, las palabras grabadas con fuego
en la piedra.
Hasta Salomé nos intriga, su deseo de
la cabeza de un hombre en una bandeja.
¿Quién puede desear una cosa semejante
y vivir para contar el cuento de ese antojo?

Viene el otoño.
Afuera suena el viento
entre los pinos.
Pero adentro hay cuentos, panecillos,
mazamorra y huevos, y el fuego ya encendido en la
    estufa
llena la casa de calor.

Pero temblamos pensando en la malvada Salomé,
masticamos nuestros panes despacio.
Estamos a salvo aquí, a millas y años de distancia
de los tiempos bíblicos.

la lectora

Cuando no podemos encontrar a mi hermana
ya sabemos que está
debajo de la mesa de la cocina,
con un libro en la mano,
un vaso de leche y un tazoncito con maní a su lado.

Sabemos que podemos llamar a Odella a gritos,
darle golpes a la mesa con las manos,
bailar alrededor de ella cantando estrofas de
She'll Be Coming 'Round the Mountain
Saldrá de atrás de la montaña cuando venga
hasta que la canción nos repugne
y las vueltas nos mareen
y mientras tanto mi hermana
pasará las páginas sin el menor apuro.

el principio

No puedo escribir una palabra todavía,
pero a los tres años ya conozco la letra *J*,
me encanta la forma en que se curva como un gancho
que cuidadosamente cubro con un sombrero chato,
como mi hermana me enseñó a hacerlo.
Me encanta el sonido de la letra y la promesa
de que un día se unirá a un nombre entero,

mi propio nombre,

que podré escribir

yo sola.

Sin la mano de mi hermana sobre la mía,
haciendo que haga lo que aún no puedo.

Qué asombrosas esas palabras que vienen poco a poco
hasta mí,
qué maravilla cómo van y vienen sin fin.

¿Se acabarán las palabras?, pregunto
cada vez que me acuerdo.

No, dice mi hermana,
que desde lo alto de sus cinco años
me promete

la infinitud.

hope

El Sur no le sienta bien
a mi hermano.
El calor le lija la piel.
No te rasques, le advierte mi abuela.
Pero él lo hace
y la piel le queda en carne viva bajo los dedos.
El polen le hincha los ojos, su respiración es corta
y rápida, y hay demasiado ruido alrededor.
Ahora se mueve lentamente, enfermizo,
cuando antes era fuerte.
Y cuando su cuerpo no lo traiciona, Ohio lo hace.
Los recuerdos lo despiertan por la noche,
lo que ve montado en los hombros de mi padre,
la maravilla de la casa de Nelsonville, su aire
tan fácil de respirar...

Quédense con su Sur, había dicho mi padre.

Ahora Hope se queda casi siempre callado,
a menos que le pidan que hable, con la cabeza
metida en las historietas de superhéroes que mi abuelo
trae los viernes a la casa. Hope se busca a sí mismo

en sus páginas. Las deja con las hojas
gastadas los lunes por la mañana.

El Sur
su enemigo mortal.
El Sur
su Kriptonita.

casi amigos

Está el muchacho que vive más arriba
con el hueco en el corazón. Algunas tardes
viene a sentarse en nuestro patio a escuchar
historias. Le decimos que tía Kay
vive en Nueva York y que también nosotros
tal vez algún día vivamos allí.
Y es verdad, antes
vivimos en Ohio, por eso hablamos así.
No le preguntamos sobre el hueco
que tiene en el corazón.
Nuestra abuela nos previene
que mejor no lo hagamos.

Están Cora y sus hermanas
del otro lado de la carretera.
En boca de mi abuela es una sola palabra:
Manténgase alejadas de Coraysushermanas. Su madre
abandonó a la familia y huyó
con el pastor de la iglesia.
Cora y sus hermanas
a veces
se sientan a mirarnos.
Nosotros las miramos también sin preguntar
qué se siente cuando uno no tiene madre,

porque nuestra abuela nos previene
que mejor no lo hagamos.

Están tres hermanos que viven más abajo,
lo sabemos solo porque nuestra abuela
nos lo dice. Viven metidos en su casa oscura
todo el verano, y salen por la noche
cuando su madre vuelve del trabajo,
mucho después de que nos hemos bañado
y nos pusimos la pijama de verano
y un libro bajo el brazo.

Son nuestros casi amigos, la gente
en la que pensamos cuando estamos
cansados de jugar entre nosotros.

Pero nuestra abuela dice:
Tres son un montón.
Tres son un equipo.
Encuentren algo qué hacer juntos.
Y eso hacemos una y otra vez,
y aunque queremos preguntarle
¿por qué no podemos jugar con ellos?
no lo hacemos.

Sabemos que mejor no lo hacemos.

la manera correcta
de hablar

La primera vez que mi hermano dice *haiga,* mi madre
arranca una rama del sauce llorón que crece
al pie de la colina
en el lindero de nuestro patio trasero.
Cuando le pasa la mano cerrada por encima
para quitarle las hojas,
mi hermano empieza a lloriquear
porque la rama es ahora una fina vara

que ya no solloza, con gracia, al pie de la colina.
Zumba mientras mi madre la bate
en el aire
y contra las piernas de mi hermano.

Nadie nunca, dice mi madre,
dirá haiga en esta casa.
Nadie nunca dirá haiga
en ninguna parte.

Cada azote es un aviso
de que nuestras palabras deben permanecer
claras y distintas.

Nunca debemos decir ¿*anjá?*
o *vanos* o *pa'*,
haiga o *habenos.*
Nunca digan *jeñora,* solo *sí,*
mientras miran a los ojos
para demostrar respeto.

¡Nunca vayan a jeñorear a nadie!
Para mi madre esa palabra
es un recuerdo demasiado doloroso
de días no tan lejanos,
de la sumisión sureña...

La lista de lo que no hay que decir
sigue sin fin...

Ustedes son del Norte dice nuestra madre.
Saben hablar como debe ser.

Mientras la vara deja moretones
en las piernas de mi hermano,
Dell y yo miramos
con miedo a abrir la boca,
con miedo a que el Sur se nos salga por la boca
o se nos meta por ella.

la señora de los dulces

Los viernes, el abuelo nos lleva
a casa de la señora de los dulces,
aunque a la abuela le preocupa
que por su culpa los dientes se nos pudran
y se nos caigan de la boca.

Pero mi abuelo solo se ríe,
nos hace que mostremos los dientes
fuertes de los Irby
que heredamos de *su* familia.
Los tres nos quedamos ahí parados, con la boca bien
    abierta,
con los dientes blancos y fuertes,
y mi abuela asiente y dice:
Tienen suerte, antes de dejarnos ir.

La salita de la señora de los dulces
está llena de estanterías
con barras de chocolate y gomitas,
pastillitas de orozuz y gomas confitadas,
galletas de chocolate rellenas y tabletas dulces,
chupetas y largas cintas rojas de regaliz.

Hay tantas golosinas que es difícil escoger
hasta que el abuelo dice:
Escojan lo que quieran
pero lo que soy yo, me voy a comer un helado.

Entonces la señora de los dulces, que tiene el pelo gris
y que nunca sonríe, desaparece en otra habitación
y regresa un rato más tarde
con una barquilla de helado de limón francés
cremoso y espumoso que chorrea.
Afuera, a pesar de lo tarde, el sol golpea
y la idea de cómo el helado espumoso de limón
lo refresca a uno, aunque sea un rato,
nos hace decir a todos a la vez:
Yo también quiero, papaíto; yo también,
papaíto; yo también.

La caminata de regreso
desde la casa de la señora de los dulces
es callada
salvo por el sonido que hacemos
sorbiendo de prisa el helado que se derrite,
antes de que se nos deslice por las muñecas,
o por los brazos
y caiga al camino caliente y seco.

carolina del sur en guerra

Porque tenemos derecho, dice mi abuelo,
—estamos sentados a sus pies, y el cuento, esta noche,
es acerca de por qué la gente marcha en todo el Sur—

a caminar y a sentarnos y a soñar donde queramos.

Primero nos trajeron aquí.
Y trabajamos gratis. Luego llegó 1863,
y se suponía que éramos *libres, pero no lo* éramos.

Y por eso la gente está tan enojada.

Y es verdad, cada vez que encendemos la radio
están hablando de las marchas.

No podemos ir al centro de Greenville
sin ver a los adolescentes que entran a las tiendas,
se sientan donde todavía
no dejan sentarse a la gente morena,
y los arrastran afuera, con el cuerpo distendido
   y el rostro tranquilo.

Así es como la gente morena tiene que luchar,
dice mi abuelo.
No basta levantar el puño. Tienes que insistir
en algo, con calma,
caminar hacia algo,
despacio.

Pero estar dispuesto a morir,
dice mi abuelo,
por lo que es justo.

Estar dispuesto a morir, dice mi abuelo,
por todo aquello en lo que crees.

Y ninguno de nosotros puede imaginar la muerte
pero de todas formas intentamos imaginarla.

Hasta mi madre se suma a la lucha.
Cuando piensa que la abuela
no la está viendo, se escabulle...
para encontrarse con los primos en el centro,
    pero justo cuando entra por la puerta,
con su vestido elegante y sus guantes puestos, mi
    abuela dice:
No vayas ahora a dejar que te arresten.

Y mi mamá parece una niñita cuando dice:
No lo haré.

Más de cien años, dice mi abuelo,
y todavía estamos luchando por la libertad
que se supone que estamos viviendo.

De modo que se está librando una guerra
en Carolina del Sur
e incluso cuando jugamos
y sembramos y oramos y dormimos
participamos en ella.

Porque ustedes son de color, dice mi abuelo.
Y son exactamente tan buenos y brillantes y hermosos y
    libres
como cualquiera.
Y nadie de color en el Sur se va a detener,
dice mi abuelo,
hasta que todos sepan que es verdad.

el entrenamiento

Cuando la mayor de las primas de mi madre,
Dorothy, que es su mejor amiga,
viene con sus hijos, ellos huyen diciendo
que no pueden entender
la forma en que Hope, Dell y yo hablamos.
Ustedes van demasiado rápido, dicen,
y las palabras quedan todas apurruñadas.
Dicen que no les provoca jugar
con niños pequeños. Entonces nos dejan
para ir a caminar por las calles de Nicholtown,
mientras que nosotros no podemos
ni salir del porche.
Los vemos irse y escuchamos a la prima Dorothy
decir: *No se metan en problemas afuera,*
cabezas de chorlito.
Entonces nos quedamos junto a la prima Dorothy,
simulando que no oímos nada,
cuando ella sabe que escuchamos.
Reímos cuando ella ríe, movemos la cabeza
cuando ella la mueve.
Sabes que uno tiene que asistir a esos entrenamientos,
dice, y nuestra madre asiente con la cabeza.

Si no, no te dejarán sentarte en los mostradores.
Tienes que saber qué hacer cuando esa gente se te viene
  encima.

Ella tiene los dientes un poco separados,
como los tiene mi madre, y Hope, y Dell también.
Es alta y de piel oscura,
bella y con los hombros anchos.
Usa guantes y vestidos de color oscuro
que le hace una costurera de Charleston.

Los entrenamientos tienen lugar en sótanos de iglesias,
en cuartos traseros de tiendas,
durante viajes largos en carro, o en cualquier otro lugar
en donde la gente puede reunirse.
Aprenden cómo cambiar al Sur sin violencia,
cómo no dejarse trastocar por las acciones malvadas
de los demás,
cómo caminar despacio, pero con pasos deliberados.
Cómo sentarse en los mostradores y recibir insultos
sin devolverlos; que les tiren comida y bebidas encima
sin levantarse y lastimar a alguien.
Incluso los adolescentes
se entrenan para sentarse con la frente en alto,
para no llorar, para tragarse el miedo.

Pero Dios, dice la prima Dorothy,
todo el mundo tiene un límite.

Cuando voy caminando hacia el mostrador
de esa cafetería y tomo asiento,
le ruego a Dios que no deje que nadie me escupa.

Puedo ser la dulce Dorothy los siete días de la semana,
las veinticuatro horas del día,
siempre y cuando nadie cruce esa línea.

Porque si lo hacen, el movimiento ese de la no violencia

se acabó.

la manta

La primera vez que mi madre va a Nueva York
es solo para una visita de fin de semana largo,
y el beso en nuestras mejillas es una promesa
así como lo es la emoción en sus ojos.
Les traeré algo a cada uno.

Es viernes por la noche
y el fin de semana que se acerca
ya es una invitación a ir
a casa de la señora de los dulces,
cogida de la mano de papaíto.
No sabe decir que no,
se queja mi abuela.

Pero ella tampoco sabe.
Vestidos, medias, cintas
en nuestro pelo prensado y encrespado.
Nos llama a mi hermana y a mí sus niñas,
sonríe con orgullo cuando las mujeres
le dicen lo bonitas que somos.

Así que la primera vez que mi madre
va a Nueva York
no sabemos estar tristes, el peso
del amor de los abuelos
nos cubre como una manta segura y cálida.

miss bell
y los que marchan

Parece gente normal
que visita a nuestra vecina, Miss Bell,
con platos envueltos en papel de aluminio en las manos
cuando llegan,
algunos en parejas,
otros solos,
algunos son niños pequeños
de la mano de su madre.

Si uno no supiera, pensaría que es solo
una reunión nocturna, tal vez gente de la iglesia
que va a ver a Miss Bell para hablar
sobre Dios. Pero cuando Miss Bell cierra las persianas,
la gente se sirve comida en los platos,
llena sus vasos con té dulce y se reúne
para hablar de la marcha.

Y aunque Miss Bell trabaja para una señora blanca
que dijo: ¡Te despido *al instante si te veo*
en esa procesión!
Miss Bell sabe que marchar
no es lo único que puede hacer,

sabe que la gente que lucha necesita
tener el estómago lleno para pensar
y lugares seguros para reunirse.
Sabe que la señora blanca no es la única
que está observando, escuchando,
esperando para acabar con esta lucha. Así que
     mantiene
los vasos de los manifestantes llenos, pone más pan de
     maíz
y ensalada de papas en los platos,
está en la cocina lista para cortar
el ponqué de limón en grandes rebanadas.

Y por la mañana, justo antes de sacar
su uniforme del closet, reza:
Dios, por favor, dame a mí y a esas personas que marchan
un día más.

Amén.

cómo escuchar número 2

En las tiendas del centro de la ciudad
nos siguen siempre a todas partes
solo porque somos morenos.

noche de peluquería

La noche del sábado huele a bizcochos y a pelo
   quemado.
Apenas la cena terminada, mi abuela ha transformado
la cocina en un salón de belleza. Sobre la mesa
está la plancha, la grasa para pelo Dixie Peach,
el cepillo de crin, la pinza separadora de pelo
y ahora que pase una niña a la vez.
Jackie primero, dice mi hermana.
Nuestro pelo recién lavado, húmedo,
nos cae en espiral sobre los hombros
cubiertos con una toalla
y sobre nuestro camisón de algodón pálido.
Ella abre su libro en la página marcada,
se acurruca en una silla que acerca
a la estufa de leña, un tazón de maní en el regazo.
Las palabras de sus libros son tan pequeñas
que tengo que entrecerrar los ojos para ver las letras.
Hans Brinker o Los patines de plata,
El rincón de Pooh, La familia Robinson suiza...
Libros gruesos
con las puntas de las páginas gastadas
porque han pasado de mano en mano entre vecinos.

Mi hermana
los trata con cuidado, marca las páginas con pedazos
de papel de bolsas marrones, se limpia las manos
antes de abrir las tapas duras.
Léeme, le digo, y los ojos y el cuero cabelludo
me pican por el tirón del cepillo en mi pelo.
Y mientras mi abuela pone la plancha en la llama,
la calienta lo suficiente para halar y alisar
mis apretados rizos,
la voz de mi hermana ondea en la cocina,
por encima de pelo, aceite y llama,
se posa como una mano en mi hombro
y me mantiene ahí.
Yo quiero patines de plata como los de Hans
y un lugar en una isla desierta.
Nunca he visto el mar,
pero eso también lo puedo imaginar: agua azul
derramándose a raudales sobre la tierra roja.
A medida que mi hermana lee, las imágenes
empiezan a formarse, como si alguien hubiera
encendido un televisor, le hubiera bajado el sonido
y lo hubiera acercado.
Granulosas imágenes en blanco y negro
acuden poco a poco a mí.
Profundas. Infinitas. Recordadas.

Una radiante mañana de diciembre, hace mucho tiempo...

La voz clara y suave de mi hermana
me abre las puertas del mundo.
Yo me le acerco, ávida.

Quédate quieta ya, advierte mi abuela.
Entonces me siento sobre las manos
para apartar la mente de mi cabeza adolorida
y mantener el cuerpo inmóvil.
Pero el resto de mí se está yendo,
el resto de mí ya se ha ido.

nombres de familia

Están James, Joseph, Andrew, Geneva, Annie Mae,
William, Lucinda, David, Talmudge,
dice mi abuela.
En total mi mamá dio a luz a trece niños.
La cabeza nos da vueltas de pensar en tantos
    hermanos
y hermanas. *Tres murieron recién nacidos,* dice,
pero las vueltas solo paran un poco.

Están Levonia, Montague, Iellus, Hallique,
Valie Mae, Virdie y Elora por parte de papaíto.
No podemos evitar reírnos cada vez que papaíto
nos dice los nombres de sus hermanos y hermanas.
Su propio nombre, Gunnar,
nos hace reír una y otra vez.
Les dieron a sus hijos nombres
que ningún amo pudiera quitarles.
¿Y qué hay de Bob o Joe?, quiere saber Hope.
¿Y de John o Michael? ¿O de algo normal de verdad como
    Hope?
Hope no es normal, dice mi hermana, *no para un niño.*

Creo que tu nombre es un error, tal vez querían ponerte
Virdie.

Yo soy el gran Hope, la esperanza de la familia,
dice mi hermano, *igualito al abuelo Hope.*
Igualito a Hope el Bobo, dice mi hermana.

Sigan discutiendo, dice mi abuelo,
me los voy a llevar a ambos a la alcaldía.
Estarán encantados de ponerles Talmudge y Valie Mae.

sueño americano

Incluso cuando mis niñas eran pequeñas
íbamos *al centro*, nos dice mi abuela.
Y la gente marchaba.
Las marchas no empezaron ayer.
La policía con sus perros
nos mataba del susto.
Solo una vez
dejé que mis niñas marcharan.

Mi abuela se echa para atrás en su sillón marrón,
los pies aún inmersos en el agua con sales de Epsom,
y sus dedos marcan el ritmo
de alguna melodía callada. Cierra los ojos.
Las dejé y recé.

¿Qué cosa haría, pregunto,
que las personas quieran vivir juntas?

La gente tiene que querer, eso es todo.

Nos quedamos callados, tal vez todos pensamos
en los que quieren y en los que no.

Todos tenemos el mismo sueño, dice mi abuela.
Vivir como iguales en un país que se supone
es la tierra de la gente libre.
Exhala un profundo suspiro
con hondos recuerdos.

Cuando tu madre era chiquita quería un perro.
Pero yo dije que no.
En un abrir y cerrar de ojos, le dije,
el perro se volverá contra ti.

Entonces mi madre trajo unos gaticos a la casa,
suaves y ronroneando en una caja vacía
Maullaron y maullaron hasta que mi abuela
se enamoró, y la dejó quedarse con ellos.

Mi abuela nos cuenta todo eso
mientras estamos sentados a sus pies,
cada cuento una fotografía
en la cual nos podemos meternos a ver,
ver a nuestra madre allí,
y a la gente marchando,
a los perros y a los gaticos todos mezclados
y nosotros ahora,
allí en cada momento
a su lado.

la tienda de telas

Algunos viernes vamos caminado al centro de
    Greenville
donde hay algunas tiendas de ropa, algunos restaurantes,
un motel y la tienda de cinco y diez centavos.
Pero mi abuela ya no nos lleva
a ninguno de esos lugares.
Ni siquiera a la tienda de cinco y diez centavos
que ya no está segregada,
pero donde se le paga a una mujer, según dice mi
    abuela,
para que siga a la gente de color en caso de que traten
de robar. No vamos a los restaurantes
porque siempre nos sientan cerca de la cocina.
Cuando vamos al centro, vamos a la tienda de telas
donde la mujer blanca conoce a mi abuela
desde cuando vivía en Anderson, y le pregunta:
¿Cómo le va a Gunnar y tus hijas en Nueva York?
Desenrolla telas para que mi abuela las frote entre los
    dedos.
Discuten sobre cortinas y lanilla y de dónde
sujetar la cintura de una falda para niña.

En la tienda de telas no somos de color
ni negros. No somos ladrones, ni sinvergüenzas,
ni nada que haya que ocultar.
En la tienda de telas solo somos personas.

fantasmas

En el centro de Greenville
pintaron por encima los letreros de
SOLO PARA BLANCOS.
Salvo en las puertas de los baños
no usaron mucha pintura,
de modo que aún se pueden ver las palabras, justo ahí
como un fantasma parado frente a uno
que todavía prohíbe el paso.

los que se van

Vemos a hombres salir de Greenville
con su único traje bueno, los zapatos
pulidos con saliva.
Vemos a las mujeres salir con ropa de domingo,
sombrero, labios pintados y guantes blancos.

Los vemos tomar autobuses al final de la tarde,
y las sombras negras de sus espaldas
son lo último que vemos de ellos.
Otros llenan sus carros con bolsas.
Familias enteras desaparecen en la noche.
La gente se despide agitando la mano.

Dicen que la Ciudad es un sitio
donde los diamantes motean las aceras.
El dinero
cae del cielo.
Dicen que a una persona de color le puede ir bien
yéndose para allá.

Solo necesita el boleto para salir de Greenville.
Solo necesita conocer a alguien del otro lado,
que lo ayude a cruzar.

Como el río Jordán

y entonces uno está en el Paraíso.

el comienzo de la partida

Cuando mi madre vuelve de Nueva York
tiene un nuevo plan: nos vamos a mudar todos para allá.
Ahora no conocemos ningún otro lugar sino Greenville,
Nueva York es solo las fotos que ella nos muestra
en las revistas y otras dos que tiene en su bolsillo
de nuestra tía Kay. En una, hay dos personas más
    al lado de ella.
Bernie y Peaches, dice nuestra madre.
    Todos éramos amigos
aquí en Nicholtown,
y nuestra abuela nos dice:
Los niños no hablaban sino de eso,
de irse a Nueva York.

Mi madre nos sonríe y dice:
Nos vamos a Nueva York.
Solo tengo que resolver algunas cosas primero, eso es todo.

No sé qué voy a hacer sin todos ustedes bajo mis faldas,
dice mi abuela y hay tristeza en su voz.
No sé qué voy a hacer,
dice otra vez,
    aún más triste.

cuando yo era niña, olía el aire

Mamá se lleva su café al porche y lo sorbe despacio.
Dos pasos más y sus pies
se cubren de grama y de rocío.
Nueva York no huele así, dice.

La sigo con el frío del rocío sobre mis pies,
el suave susurro de la brisa a través de las hojas,
mi madre y yo
solas las dos.

Su café está endulzado con leche condensada,
su pelo recogido en una trenza,
sus dedos oscuros rodean la taza.
Si se lo pido, la lleva a mis labios,
y me deja probar su dulce amargor.

Amanece y los pájaros han cobrado vida,
se persiguen unos a otros yendo y viniendo
entre el arce y el pino. Así es como pasa el tiempo allí.
El arce tendrá las ramas desnudas cuando llegue el invierno,
dice mamá.
Pero los pinos seguirán sencillamente vivos.

Y el aire es lo que recordaré.
Aun cuando nos mudemos a Nueva York.

Siempre olió así, dice mi madre.
A pino y a hierba húmeda.

Como el recuerdo.

tiempo de cosecha

Cuando el huerto de papaíto está dispuesto
se llena de palabras que
cuando las digo
me hacen reír:
frijoles y *tomates*, *quimbombó* y *maíz*,
arvejas y *chícharos*,
lechuga y *calabaza*.

Quién hubiera imaginado

Quién hubiera imaginado
que tanto color haría desaparecer el suelo
para dejarnos
caminando a través de un copioso otoño
de palabras locas,
que mediante la magia
de las manos de mi abuela

se convierten

en deliciosos platillos.

cuentos de la gente grande

Cálida noche de otoño en que los grillos gimen
y el olor a pino llega con la brisa suave.
Las mujeres en el porche
con mantas sobre las piernas.
La tía Lucinda, Miss Bell y cualquier otra vecina
a la que todavía le quedara *un poquito de aliento*
al final del día *para sentarse a cotorrear.*

Ese es el momento en que escuchamos
a la gente grande hablar,
Hope, Dell y yo calladitos en las escaleras.
Sabemos que una palabra nuestra provocaría un ¡chsss!
dirigido a las mujeres,
el dedo de mi abuela señalaría de repente
la casa, y su voz calmada:
Creo que ya es hora de que los niños se vayan a la cama
nos mandaría de una vez a nuestro cuarto.
De modo que estamos silenciosos,
la espalda contra un poste o contra el canto de un
   escalón,
Hope con los codos en las rodillas, la cabeza gacha.
Es el momento en que nos enteramos

de todo lo que hay que saber
de la gente del vecindario y
de las casas donde trabajaban por día
de las hermanas del Salón del Reino
y de los parientes lejanos que casi nunca vemos.

Mucho después de contados los cuentos,
yo los recuerdo, y se los vuelvo a contar en susurros
a Hope y a Dell tarde en la noche:
Ella fue la que dejó Nicholtown en pleno día,
la que la abuela dice que no tenía miedo de nada.
Vuelvo a contar cada cuento
armando lo que no entendí
o lo que me perdí cuando bajaron demasiado la voz.
Hablo hasta que por lo suave que respiran
me percato de que mi hermana y mi hermano
que se han dormido.

Entonces dejo que los cuentos cobren vida
en mi mente, una y otra vez
hasta que el mundo real se desvanece
acunado por los grillos
y por mis propios sueños.

tabaco

El verano se acabó,
un beso de frío en el aire sureño.
Vemos el anaranjado tenue del cigarro de mi abuelo
mientras recorre el camino que se oscurece.
Oímos sus buenas noches
y la tos que les sigue.
No le queda suficiente aliento para cantar
así que canto por él en mi mente,
donde solo yo puedo oír.

¿Dónde se hará el banquete de boda?
Allá bien abajo, en un árbol hueco. Ajá ajá...

Los viejos solían decir
que una pizca de tierra en la boca
puede contar la historia del tabaco:
qué cultivos
están listos para la cosecha,
cuáles hay que dejar crecer.
Cuál suelo es lo bastante fértil
para sembrar, y cuáles porciones de terreno necesitan
un año de descanso.

Todavía no sé
por qué la tierra hace a veces una promesa
que no puede cumplir. Los campos de tabaco
yacen en barbecho, limpios después de la cosecha.
Mi abuelo tose de nuevo
y la tierra espera

por lo qué recibirá y a quién se lo devolverá.

cómo escuchar número 3

En medio de la noche
la tos de mi abuelo
me para de la cama
sobresaltada.

mi madre se va de greenville

Ya es el final del otoño, con olor a madera ardiendo.
La estufa barrigona es como una mano caliente y blanda
en el centro de la sala de mis abuelos, y su tubo negro
se endereza hasta el techo y luego se pierde.

Han pasado tantos años desde que vimos
a nuestro padre por última vez. Su ausencia
es como una burbuja en la vida de mi hermano mayor,
que revienta una y otra vez
en un montón de burbujitas
de recuerdos.

Eras solo un bebé, me dice.
Tienes tanta suerte que no recuerdas las peleas
ni nada.

Es como si unos borradores pasaran por su memoria,
dice mi hermana.
Borra. Borra. Borra.

Pero ahora, mi madre se va otra vez.

De eso sí me acordaré.

a medio camino de la casa, número 1

Nueva York, dice mi madre.
Pronto encontraré un lugar allí para nosotros,
volveré y me los llevaré a todos a casa.

Ella quiere un lugar propio, que no es
la casa de Nelsonville, ni la casa de Columbus,
ni la casa de Greenville.
Busca su próximo hogar, nuestro próximo hogar.
Ahora, dice nuestra madre,
estamos solo a medio camino de la casa.

Y la imagino de pie
en medio de una carretera, los brazos extendidos
con los dedos apuntando al Sur y al Norte.

Yo quiero preguntar:
¿Habrá siempre una carretera?
¿Habrá siempre un autobús?
¿Tendremos siempre que escoger entre un hogar

y otro hogar?

mi madre recuerda a greenville

Después de la cena y el baño,
después de que nuestros cuerpos
entalcados y empiyamados
han sido enfundados en la cama,
después de *Winnie de Pooh* y unos besos en la frente
y unos abrazos más prolongados que de costumbre,

mi madre se aleja de la casa de Hall Street
hundiéndose en la noche cada vez más oscura,
por un largo y polvoriento camino
hasta donde pasa el autobús de Nicholtown
que la lleva a la estación de Greyhound

luego más polvo

luego se ha ido.

Con Nueva York por delante
y su familia dejada atrás, ella se sienta
en el fondo, con su bolso en las piernas,
y el paisaje
hace que mire por la ventana una vez más.

Hasta que la oscuridad se cierre
y durante muchas horas solo haya sombras

y estrellas

y lágrimas

y esperanza.

las últimas luciérnagas

Sabemos que nuestros días aquí están contados.
Cada vez que anochece esperamos la primera luz
de las últimas luciérnagas, las atrapamos en frascos
y luego las soltamos, como si entendiéramos
su necesidad de ser libres.
Como si nuestras oraciones silenciosas para quedarnos
    en Greenville
fueran a ser escuchadas
si hacemos lo que sabemos que es correcto.

cambios

Los atardeceres son tranquilos ahora que mi madre
 se fue,
como si la noche estuviera escuchando
cómo contamos los días. Sabemos que
hasta la sensación del cepillo de nuestra abuela
cuando se desliza delicadamente por nuestro pelo
se convertirá pronto en un recuerdo.
Esas tardes de sábado en la mesa de su cocina,
el olor a grasa para el pelo Dixie Peach,
el chisporroteo del peine para alisar,
el silbido de la plancha
sobre las cintas húmedas recién lavadas, todo eso
podrá suceder otra vez, pero en otra parte.

Nos sentamos en el porche de nuestros abuelos,
temblando ya por el invierno que ya se acerca,
y hablamos bajito del verano de Greenville,
de cómo, cuando volvamos,
haremos todo lo que siempre hicimos,
escucharemos los mismos cuentos,
reiremos de los mismos chistes,.

atraparemos luciérnagas en los mismos
frascos, nos prometeremos

futuros veranos que serán tan buenos como los
   pasados.
Pero sabemos que mentimos

volver a casa será diferente ahora.

Este lugar llamado Greenville
este vecindario llamado Nicholtown
cambiará en algo

y nosotros también.

la escuela secundaria de sterling, en greenville

Mientras mi madre está fuera, en Nueva York,
un incendio arrasa
su vieja escuela secundaria
durante un baile de graduación.

El humo llenó la sala abarrotada,
la música
se detuvo,
los estudiantes
dejaron de bailar
y el DJ les dijo
que salieran rápido del edificio.

El fuego
duró toda la noche,
y cuando se acabó
la escuela secundaria de mi madre
había quedado casi por completo
reducida a cenizas.

Mi madre dice que fue
porque los estudiantes habían estado marchando,

y las marchas
habían vuelto locos a algunos blancos de Greenville.

Después del incendio, a los estudiantes
no les permitieron ir a la escuela secundaria para
    blancos,
sino que tuvieron que amontonarse
junto a sus hermanos y hermanas menores
en la escuela primaria.

En las fotos del anuario de la escuela secundaria de
    mi madre
        —*The Torch*, 1959, La Antorcha, 1959—,
mi madre sonríe junto a su prima
Dorothy Ann y del otro lado
está Jesse Jackson,
que tal vez ya soñaba con ser un día
el primer hombre moreno que se postulara
a la presidencia.

Y ni siquiera
el incendio de su escuela
pudo impedir que él y los manifestantes
cambiaran el mundo.

fe

Después de que mi madre se fue, mi abuela
nos metió aún más
en la religión que ella siempre conoció.
Nos convertimos en Testigos de Jehová,
como ella.

Después de que mi madre se fue
no hubo nadie que dijera:
Los niños podrán elegir su propia fe
cuando tengan edad suficiente.
En mi casa, decía mi abuela,
se hace lo que yo diga.

Después de que mi madre se fue,
nos despertábamos en medio de la noche
llamándola.
Tengan fe, decía mi abuela,
acunándonos en la oscuridad.

Dejen que la Biblia,
decía mi abuela,
se convierta en su espada y en su escudo.

Pero aún no sabíamos
contra quién luchábamos
ni por qué.

los cuentos que cora cuenta

Ahora cuando atardece
Coraysushermanas vienen a nuestro porche.
Ellas son tres
y tres nosotros, pero Hope
se aleja de las niñas
y se sienta solo.
en el patio.

Y aunque mi abuela nos dice
que no juguemos con ellas,
ya no nos llama a casa
cuando las ve venir por el camino.
Tal vez su corazón se ensancha un poco,
y hace un espacio para ellas.

Un hongo de colores crece
bajo el pino: púrpura, dorado y raro
contra el suelo lleno de agujas de pino.
Cuando lo piso, Coraysushermanas me gritan:
¡Acabas de matar al diablo mientras dormía!
Dormía en su propia casa.

Cora me advierte:
el Diablo pronto estará vivo otra vez.
Dice: *vendrá por ti, tarde en la noche, mientras duermes*
y el Dios al que le rezan ustedes no estará para protegerte.

Lloro mientras el sol se oculta, esperando.
Lloro hasta que mi abuela sale,
manda a Coraysushermanas a su casa,
me abraza fuerte.
me dice que mienten.
Es solo una desquiciada superstición sureña,
dice mi abuela:
Esas niñas deben ser un poco bobas
que no reconocen un hongo cuando lo ven.
No creas todo lo que oyes, Jackie.
Algún día sabrás distinguir
cuándo alguien está diciendo la verdad
o solo está inventando cuentos.

hall street

Al atardecer, justo antes de que la mejor luz
para jugar al escondite
invada el cielo,
es la hora de los estudios bíblicos.
Desde nuestros lugares en el porche de entrada,
con las manos frías alrededor del chocolate caliente
ya casi acabado y más dulce en el fondo,
vemos cómo el hermano y la hermana
del Salón del Reino vienen por nuestro camino.

Bonita noche de lunes,
dice el hermano del Salón del Reino.
Gracias a Jehová, dice a su vez
la hermana del Salón del Reino.
El hermano Hope, la hermana Dell y yo guardamos
   silencio.

Ninguno de nosotros quiere sentarse adentro
cuando el otoño tardío nos llama
y las ranas finalmente se atreven
a saltar en nuestro patio.
Queremos todo menos eso.

Queremos panecillos calientes
y jugar a la ere o yaquis en el porche,
con las mangas de nuestros suéteres tan largas
que a veces nos estorban.

Pero somos Testigos de Jehová.
El lunes por la noche tocan los estudios bíblicos.

En alguna otra parte
mi abuelo pasa el rato
con su hermano Vertie.
Tal vez estén tocando la armónica y el banjo,
riendo y cantando en voz alta.
Hacen algo divertido en una linda tarde de lunes.

Jehová nos promete la vida eterna en el Nuevo Mundo,
dice el hermano del Salón del Reino
y el hermano Hope, la hermana Dell y yo guardamos
   silencio,
deseando solo lo que está ahí mismo afuera.
Deseando solo este mundo.

pronto

Cuando suena el teléfono en la cocina de mi abuela
venimos desde cualquier sitio,
saltamos del columpio del porche de la entrada,
brincamos de la zanja de atrás llena de barro,
corremos rápido desde el huerto recién cosechado,
pero mi hermano Hope es el más rápido,
coge el teléfono y lo presionaba con fuerza
contra su oído, como si tener la voz de mi madre
tan cerca, significara que mi madre está más cerca
de nosotros.
Saltamos alrededor de él:
¡Déjame hablar *a mí!* hasta que entra mi abuela
por la puerta de malla,
deja la cesta de la ropa
fría y seca que estaba en la cuerda,
le quita el teléfono a mi hermano
y nos hace callar,
nos echa afuera,
nos promete

un momento con nuestra madre
muy pronto.

cómo aprendo los días
de la semana

El lunes por la noche tenemos estudio bíblico
con un hermano y una hermana del Salón del Reino.

El martes por la noche tenemos estudio bíblico
en el Salón del Reino.

El miércoles por la noche es noche de lavar,
—la ropa limpia cuelga de la cuerda
encima del huerto de mi abuelo—. Cuando nadie nos ve,
corremos entre las sábanas
respirando los maravillosos olores que el aire
   las deja.

El jueves por la noche tenemos Escuela del Ministerio.
Un día creceremos para predicar
la palabra de Dios,
llevarla al mundo
y tal vez salvar a algunas personas.

El viernes por la noche somos libres como nadie,
las bicis de Hope y Dell surcan Hall Street de arriba
abajo, mis rodillas chocan duro contra el manubrio

de mi triciclo rojo. En un año, tal vez
la bici de Dell será mía.

El sábado nos levantamos temprano
en nuestras manos *La Atalaya* y *¡Despierta!*
caminamos como soldados soñolientos
a través de Nicholtown, tocando timbres,
llamando a las puertas,
difundiendo la buena noticia
de que algo mejor está por venir.
A veces, la gente escucha.
A veces, dan un portazo
o ni siquiera abren,
o contemplan con tristeza
mis cintas, mi piel entalcada,
mi cara limpia y lustrosa de aceite,
la seriedad sin igual de mis palabras:
Buenos días, soy la hermana Jacqueline
y hoy les traigo una buena noticia.
A veces me dan una moneda de diez centavos,
pero no toman *La Atalaya* ni *¡Despierta!*

El domingo se estudia *La Atalaya* en el Salón del Reino,
son dos horas
de estar sentados y sentados y más sentados.

Entonces llega el lunes
y la semana empieza otra vez igualita.

las cintas

Son azul pálido, rosadas o blancas.
Se planchan con esmero cada sábado en la noche.
El domingo en la mañana se atan a las trenzas
que cuelgan detrás de nuestras orejas.

Usamos cintas todos los días, excepto el sábado,
cuando Dell y yo las lavamos a mano, juntas,
en el lavaplatos de la cocina,
las frotamos con jabón Ivory
y luego las enjuagamos con agua fría.
Nosotras soñamos
con el día en que nuestra abuela diga:
Ya están muy grandes para usar cintas.

Pero parece que ese día nunca llegará.

Cuando las colgamos en la cuerda para que se sequen,
esperamos que se vuelen con la brisa nocturna,
pero no lo hacen. Al llegar la mañana
están justo donde las dejamos,
meciéndose apenas con el aire fresco,
decididas a anclarnos en la infancia.

dos dioses,
dos mundos

Apenas amanece y ya estamos despiertos,
mi abuela en la cocina plancha
nuestra ropa de domingo.

Puedo oír a papaíto tosiendo en su cama,
tose como si nunca fuera a recobrar el aire.
El sonido se me mete en el pecho
mientras me pongo el vestido por la cabeza.
Contengo mi propio aliento hasta que para la tos.
Inmóvil, lo oigo caminar lentamente por la sala,
escucho el chirrido de la puerta de malla
y sé que ha llegado al columpio del porche
para fumarse un cigarro.

Mi abuelo no cree en un Dios
que no le permita fumar
o tomarse una cerveza fría un viernes por la noche,
en un Dios que nos diga a todos
que el mundo se está acabando para que
anden por este mundo como gatos asustados.

El Dios de ustedes no es mi Dios, dice.

Su tos se mueve por el aire,
regresa a nuestro cuarto donde la luz es casi azul
porque la colorea el blanco solo de invierno.
Quisiera que la tos se detuviera.
Quisiera que se pusiera su ropa de domingo,
me tomara de la mano
y bajara con nosotros por la calle.

Los Testigos de Jehová creen
que quien no sigue la palabra de Dios
será destruido en una gran batalla llamada Armagedón.
Y cuando la batalla termine
habrá un nuevo mundo,
un mundo más amable y más pacífico.

Pero yo quiero el mundo donde está mi papaíto
y no entiendo por qué
el Dios de los otros
me tendría que poner a escoger.

lo que dios sabe

Rezamos por mi abuelo
le pedimos a Dios que lo perdone
aunque no sea creyente. Le pedimos a Jehová
que mire en su corazón,
que vea la bondad que hay dentro de él.

Pero mi abuelo dice que no necesita nuestras plegarias.
Trabajo duro, dice.
Trato a la gente como quiero que me traten.
Dios ve eso, Dios lo sabe.

Al final del día
enciende un cigarro, desata
sus botas de trabajo polvorientas,
estira las piernas.
Dios ve lo bueno que hay en mí, dice.
Prediquen y oren cuanto quieran,
pero no tienen que hacerlo por mí.

nuevas compañeras de juego

Unas hermosas muñecas morenas
llegan de tiendas de lujo de Nueva York
que visitó mi madre.
En su carta nos cuenta de ascensores,
de estaciones de tren, de edificios tan altos
que duele el cuello mirarlos.

Nos escribe sobre lugares con nombres hermosos,
Coney Island, Harlem, Brownsville, Bear Mountain.
Nos dice que ha visto el mar, cómo el agua
sigue extendiéndose mucho más allá
de hasta donde los ojos pueden verla
y promete un país diferente
del otro lado.

Nos dice que las jugueterías están llenas de muñecas
    de todos los tamaños y colores,
que hay una barbería y una peluquería
    donde quiera que mires
y una amiga de la tía Kay vio a Lena Horne
caminando por la calle.

Pero solo las muñecas son reales para nosotras.

Con su pelo negro
que les cae sobre los hombros en rizos rígidos,
sus vestidos rosados de crinolina y satén.
Sus brazos oscuros que no se doblan.
Sin embargo, abrazamos su plástico duro
e imaginamos que nos llaman mamá.
Imaginamos que nos necesitan cerca.
Imaginamos que las cartas de nuestra propia madre
Vendré pronto por ustedes
se las escribimos a ellas.
Nunca las dejaré, les susurramos.

Ellas nos devuelven la mirada
con los ojos vacíos y hermosas,
calladas y quietas.

por el camino hacia abajo

Tengan cuidado cuando jueguen con él,
nos advierte mi abuela acerca del niño
que tiene un el hueco en el corazón.
No lo hagan correr muy rápido. O llorar.

Cuando toca la puerta de atrás, salimos
y nos sentamos tranquilos con él
en las escaleras.
No habla mucho, el niño con el hueco
en el corazón,
pero cuando lo hace es para preguntarnos por nuestra
    madre
en Nueva York.

¿Tiene miedo *allá?*
¿Alguna vez conoció a una estrella de cine?
¿Los edificios *de verdad*
no se acaban nunca?

Un día, dice —tan bajito que
mi hermano, mi hermana y yo
tenemos que acercarnos para escuchar—,

voy a ir a Nueva York.

Luego mira hacia la casa de Cora, que queda más
   abajo.

Ese es el sur, dice mi hermana:
Nueva York está del otro lado.

la promesa de dios

Es casi Navidad.
En la radio, un hombre de voz dulce y grave
nos dice cantando que tengas una feliz y pequeña...

Las ventanas de Nicholtown
están llenas de árboles de Navidad.
Coraysushermanas presumen sobre lo que les van a dar,
muñecas y patines y columpios. En el patio trasero
nuestro propio columpio está silencioso,
cubierto de una fina capa de nieve.
Cuando tenemos que quedarnos adentro
los domingos por la tarde,
Coraysushermanas se apoderan de él,
se columpian alto
y nos sacan la lengua
mientras miramos fijamente
detrás de nuestra puerta de malla con su vidrio.

Déjenlas jugar, por el amor de Dios, dice mi abuela,
cuando nos quejamos de que lo van a destrozar.
¡Sus corazones son lo bastante grandes!

Pero nuestros corazones no son lo bastante grandes.
Nuestros corazones son pequeños y furiosos.
Si nuestros corazones fueran manos, golpearían.
Si nuestros corazones fueran pies,
¡de seguro patearían a alguien!

la otra infinitud

Somos el pueblo elegido, dice nuestra abuela.
Todo lo que hacemos es parte
del plan de Dios. Cada respiración de uno es un regalo
que Dios le da a uno. Todo lo que poseemos...

Papaíto nos dio los columpios, le dice mi hermana. *No*
   Dios.

Las palabras de mi abuela salen despacio,
lo cual significa que la lección es importante.

Con el dinero que ganó trabajando en el empleo
que Dios le dio; con un cuerpo lo bastante fuerte para
   trabajar.

Afuera, nuestro columpio por fin está vacío,
ahora que Coraysushermanas ya se fueron.

Hope, Dell y yo estamos callados.
Tantas cosas no entendemos todavía,
tantas en las que todavía no creemos.

Pero sabemos lo siguiente:
lunes, martes, jueves,
sábado y domingo están reservados
para el trabajo de Dios. Nos pusieron aquí para hacerlo

y se espera que lo hagamos bien.
Lo que se nos promete a cambio

es la eternidad.

Es lo mismo, dice mi hermana,
o tal vez mucho mejor
que la infinitud.

El columpio vacío nos recuerda eso,
que lo malo no será malo para siempre,
y que lo bueno a veces puede durar
mucho, mucho tiempo.

Y aun Coraysushermanas solo pueden molestarnos
por un rato, antes de que las llamen a su casa
para cenar.

a veces no se necesitan palabras

Es pleno invierno y el aire de la noche es frío.
Tan quieto, que se siente
como si el mundo fuera a estar a oscuras para siempre,
hasta que miras hacia arriba
y la tierra va a dar a un techo de estrellas.
Mi cabeza contra el brazo de mi abuelo,
una manta sobre nosotros mientras estamos sentamos
en el columpio ancho del porche delantero.
Su chirrido como una canción.

Uno no necesita palabras
en una noche así. Solo el calor
del brazo del abuelo de uno. Solo la promesa callada
de que el mundo, como lo conocemos,
siempre estará ahí.

la carta

La carta llega un sábado en la mañana,
mi hermana la abre. La letra de mi madre
es fácil, dice mi hermana.
Ella no escribe en cursiva,
escribe para que podamos entenderla.

Y entonces lee la carta de mi madre despacio.
Hope y yo estamos sentados en la mesa de la cocina.
Unos trocitos de queso ya casi terminados,
los huevos revueltos dejaron puntos
amarillos en los tazones.
Ya olvidados los queridos panecillos de mi abuela.
Viene a buscarnos, dice mi hermana
y lee la parte donde mi madre cuenta el plan.
De verdad nos vamos a ir de Greenville, dice mi
    hermana
y Hope se endereza en la silla
y sonríe.
Pero luego su sonrisa desaparece.
¿Cómo podemos tener ambos lugares?
Cómo podemos dejar
todo lo que hemos conocido:

yo en el regazo de papaíto, al final de la tarde,
escuchando a Hope y a Dell contar historias

sobre su vida en la escuelita,
a una milla de distancia más abajo.
Un día voy a cumplir cinco años y la escuela de
    Nicholtown
es un misterio
que estoy a punto de resolver.

¿Y qué hay de las luciérnagas y de las zanjas?
¿Y qué hay de las noches en las que
nos subimos a la cama de nuestros abuelos
y ellos se apartan para dejarnos un puesto en el medio.

Y tal vez es ahí cuando mi hermana lee la parte que
    no oigo:
viene un bebé. Otro más. Un hermano o una hermana.
Todavía está en su barriga, pero que pronto llegará.

Viene a buscarnos, dice mi hermana otra vez,
mirando a su alrededor
nuestra gran cocina amarilla.
Luego pasa la mano
por la mesa de madera dura
como si ya se hubiera ido
y tratara de recordarla.

una mañana, al final
del invierno

Entonces una mañana mi abuelo está demasiado
    enfermo,
para caminar la media milla
hasta el autobús que lo lleva al trabajo.

Se queda en la cama todo el día
y solo se despierta para toser
toser
y toser.

Camino despacio a su alrededor,
inflándole las almohadas,
poniendo paños fríos en su frente,
contándole las historias que se me ocurren
una y otra vez.

Esto lo puedo hacer: encontrarle otro sitio donde estar
cuando este mundo lo asfixia.

Cuéntame un cuento, dice,

y yo se lo cuento.

bebé de nueva york

Cuando mi madre regrese
ya no seré su niñita.
Estoy sentada en el regazo de mi abuela
cuando ella me lo dice,
tan alta ya
que mis piernas cuelgan bien abajo y
las puntas de mis pies tocan la alfombra del porche.
Mi cabeza descansa en su hombro ahora,
antes solo le llegaba a la clavícula.
Ella huele como siempre, a Pine-Sol y algodón,
a grasa para el pelo Dixie Peach,
a algo tibio y a talco.

Quiero saber de quién seré la niñita
cuando llegue el nuevo bebé de mi madre,
nacido donde las aceras brillan
y yo solo soy una niña normal.

No sabía cuánto me gustaba
ser la niñita de todos,
hasta ahora que mi vida de niñita
está a punto de acabar.

la ida de greenville

Mi madre llega en medio de la noche
y soñolientos nos acurrucamos
en sus brazos
y nos apretamos con fuerza.

Su beso sobre mi cabeza me recuerda
todo lo que amo.

Sobre todo a ella.

Es el final del invierno, pero mi abuela deja
la ventana de nuestro cuarto un poquito abierta
para que el aire fresco circule sobre nosotros
mientras dormimos. Dos gruesos edredones
y nosotros uno al lado del otro.

Eso es todo lo que conocemos por ahora.

Brisa fría de pino, las colchas de mi abuela,
el calor de la estufa de leña, las voces suaves
y lentas de la gente a nuestro alrededor,

el polvo rojo que flota y luego se asienta
como si hubiera dicho todo lo que tiene que decir.

Mi madre nos mete de nuevo en la cama susurrando:
Ahora tenemos una casa en el Norte.

Tengo demasiado sueño para decirle que Greenville
    es mi casa.
Que hasta en invierno, los grillos
nos cantan para dormirnos.

Y mañana por la mañana
conocerán a su nuevo hermanito.

Pero ya de nuevo estoy casi dormida,
los brazos bien abrazados
de la mano de mamá.

roman

Su nombre es tan extraño como él, este nuevo
   hermanito
tan pálido y callado, y de ojos tan grandes.
Se chupa el puño y nos traga a todos de una vez sin
   pestañear.
Otro niño, dice Hope,
ahora estamos tablas.

Pero no me gusta el nuevo bebé de la familia.
Quiero devolverlo a donde quiera
que vivan los bebés antes de llegar acá.
Cuando lo pellizco, le queda una marca roja
y su llanto agudo y metálico me hiere los oídos.
Tienes lo que te mereces, dice mi hermana:
Te devuelve el golpe llorando así.
Luego lo levanta, lo aprieta contra ella,
le dice dulcemente que todo está bien,
que todo siempre va a estar bien,
hasta que Roman se calla,
sus inmensos ojos negros miran solo a Dell
como si le creyera.

seguían
el resplandor
de la libertad
en las constelaciones
celestes

nueva york

Tal vez esté hablando de otra Nueva York
la gente del Sur. Aquella
donde cae dinero del cielo
y los diamantes corren por las aceras.

Aquí solo hay piedra gris, fría
y sin árboles, como en un mal sueño.
¿Quién podría amar este lugar donde no crecen pinos,
donde ningún columpio de porche se mueve
con el peso de tu abuela?

Este lugar es un autobús de Greyhound
que zumba a través de la noche
hasta que al fin suelta una profunda exhalación
en un lugar llamado Autoridad Portuaria.
Ese lugar es un chofer que grita:
Ciudad de Nueva York, última parada,
a bajarse todo el mundo.

Es un lugar ruidoso y extraño
donde en ninguna parte voy a decir alguna vez
que estoy en casa.

brooklyn, nueva york

No nos quedamos en el pequeño apartamento
que mi madre encontró en Bristol Street,
Brownsville, Brooklyn, Estados Unidos.

No nos quedamos porque el bombillo macilento
que colgaba de una cadena
se mecía de un lado a otro
cuando nuestros vecinos de arriba
caminaban en su apartamento,
y proyectaba unas sombras
que hacían llorar a mi hermano
y chuparse con fuerza los dedos del medio.

No nos quedamos porque el edificio era
demasiado grande y viejo
y cuando el techo del baño se cayó
en la bañera, mi madre dijo:
¡Yo no soy la gallina del cuento
que cree que se le cayó el cielo encima!

Así que llamó a la tía Kay y a su novio Bernie,
que pidieron prestado un camión,

nos ayudaron a empacar,
nos envolvieron en abrigos de invierno,
apagaron la luz macilenta

¡y nos sacaron de allí!

herzl street

Entonces nos mudamos a Herzl Street,
donde la tía Kay y Bernie vivían en el piso de arriba,
y los Peaches de Greenville vivían en el de abajo.

Y los sábados por la noche
venía más gente de Greenville,
y se sentaban y hablaban hasta por los codos,
mientras las ollas de la cocina burbujeaban
con acelgas y crepitaban con pollo
y el pan de maíz se doraba
en el gran horno negro de Kay.

Y la gente de Greenville
traía gente de Spartanburg
y de Charleston
y todos hablaban
como hablaban nuestros abuelos
y comían lo que comíamos.

De modo que había tierra roja y pinos,
había luciérnagas en frascos de mermelada
y barquillas con helado de limón cremoso.

Había risa en las noches calientes de la ciudad,
leche caliente en las frías mañanas de la ciudad,
buena comida y buenos momentos,
baile elegante y música *soul*.

Había familia.

el hidrante de incendios

A veces echamos de menos
la forma en que el polvo rojo se levantaba
y se posaba sobre nuestros pies desnudos.
Aquí las aceras arden todo el verano.
Aquí usamos zapatos. Las botellas rotas
no siempre se barren de inmediato.

Pero nuestra cuadra tiene
tres hidrantes de incendios
y un hombre con una llave inglesa
que las abre.
Los días en que el calor no deja respirar,
el hombre sube la cuadra
y se saca la llave del bolsillo.
Entonces el hidrante echa agua fría por todas partes
y nosotros y otros niños corremos bajo los chorros
refrescándonos y riendo.

Hasta los adultos salen a veces.
Una vez vi a mi madre,
nunca-en-la-vida-salgan-descalzos-en-la-ciudad,
quitarse las sandalias,

pararse en la cuneta
y dejar que el agua fría le corriera por los pies.
Miraba el pedacito de cielo que tenía encima
y sonreía.

la genética

Mi madre tiene un espacio
entre los dientes de adelante,
papaíto Gunnar también.
Cada niño de esta familia
tiene el mismo espacio
que nos vincula.

Nuestro hermano bebé, Roman,
nació pálido como el polvo.
Sus suaves rizos castaños y sus pestañas
hacen que la gente se detenga en la calle.
¿De quién es ese ángel?, preguntan.
Cuando digo, *es mi hermano*,
ponen cara de duda
cerrada como una capa
hasta que sonreímos
y la capa se cae.

caroline, pero la llamábamos tía kay, algunos recuerdos

La tía Kay en lo alto de las escaleras, sus brazos abiertos,
su amplia sonrisa
y nosotros corriendo hacia ella.

La tía Kay vestida elegante un viernes por la noche,
olorosa a perfume,
su novio Bernie, su amiga Peaches.

La tía Kay en la cocina con Peaches y Bernie
pasándose una y otra vez una caja azul y blanca
de almidón Argo para la ropa. Los blancos trozos duros
se hunden en su boca como caramelos,
los mastican despacio y se los tragan.

La tía Kay, mamá y Peaches con faldas ajustadas
cantan en una banda.

La tía Kay me trenza el pelo.

La tía Kay sube las escaleras de su apartamento
y corro detrás de ella.

La tía Kay se ríe.

La tía Kay me abraza.

Luego una caída.
Un gentío.
Una ambulancia.
Las lágrimas de mi madre.
Un funeral.

Y aquí terminan los recuerdos de mi tía Kay.

de mudanza otra vez

Después de la caída
todas las escaleras se volvieron algo malo para
 nosotros.
Algunos días me lanzo para allá arriba, decía mi madre,
olvidando que Kay ya no está.

Después de la caída,
Bernie y Peaches
recogieron sus cosas y se mudaron
a Far Rockaway, recordándole a mi madre
lo mucho que Kay amaba el mar.

Después de la caída
tomamos el tren A
hasta su nuevo apartamento, jugamos en la playa
hasta que se puso el sol, mamá callada
sobre una manta mirando el agua.

Kay era su hermana grande, solo diez meses mayor.
La gente siempre pensaba que eran gemelas,
así que ellas decían que lo que eran.

No podían ver a una de las dos, decía mi madre,
sin ver a la otra.

Después de la caída
cada vez que llovía
el pasillo de entrada olía
al perfume de Kay

de modo que nos mudamos de nuevo
al segundo piso de una casa rosada
en Madison Street.
Afuera en el frente, había una escultura de cinco pies
hecha de roca gris, marfil y arena.
Una pequeña fuente vertía agua en cascada
sobre unas estatuas
de María, José y Jesús.
La gente se paraba frente a la casa,
se persignaba, rezaba una oración en silencio,
y luego seguía adelante.

La casa está protegida, le dijo el propietario a mi madre.
Los santos nos mantienen a salvo.
La casa está protegida, nos susurró mi madre.
Por el Santo de las Feas Esculturas.

Después de la caída
veía a veces a mi madre
sonreír a esa escultura, y en su sonrisa

estaba la sonrisa de la tía Kay: las dos hermanas
se reían en secreto,
las dos hermanas estaban juntas otra vez.

cuaderno de redacción

Y no sé cómo un día estuvo ahí,
con lunares en blanco y negro.
El papel por dentro olía a algo en lo que hubiera
    podido
hundirme enseguida para vivir
dentro de esas páginas limpias y blancas.

No sé cómo mi primer cuaderno de redacción
fue a dar a mis manos mucho antes de que supiera
escribir de verdad,
alguien debe haber sabido que eso
era lo único que yo necesitaba.

Me era difícil no sonreír mientras lo sostenía,
sentía la brisa cuando hojeaba las páginas.
Mi hermana pensó que yo estaba loca
parada ahí sonriendo,
no entendía cómo el olor, el tacto y la vista
del papel blanco brillante
me podía dar tanta alegría.

¿Y para qué necesita un cuaderno? ¡Si ni siquiera sabe
  escribir!

Durante días y días, solo podía oler las páginas,
apretar el cuaderno contra mí,
escuchar el sonido que hacían las hojas.

Nada en el mundo se compara con eso:
una página blanca y reluciente,
líneas azul claras. El olor de un lápiz recién afilado,
su silencio suave
al transformarse por fin
un día
en letras.

Y aunque ella es por encima de todo inteligente,
eso es algo
que mi hermana
ni siquiera puede empezar
a entender.

sobre el papel

La primera vez que escribo mi nombre completo

Jacqueline Amanda Woodson

sin la ayuda de nadie
en una limpia página en blanco
de mi cuaderno de redacción,
   sé

que si quisiera

podría escribir cualquier cosa.

Las letras se convierten en palabras, las palabras
   cobran significado,
se convierten
en pensamientos fuera de mi mente

se convierten en frases

escritas por

Jacqueline Amanda Woodson

sábado por la mañana

Hay días en este nuevo lugar
en que solo hay una caja de harina de panqueques
un huevo y agua del grifo, el siseo
de la mezcla
sobre una sartén negra de hierro fundido,
los panqueques que se pegan,
sin jarabe pero comibles y nosotros
quejándonos, queriendo por encima de todo
regresar a Greenville
donde siempre había algo sabroso de comer.
Recordamos los repollos que crecen allá abajo
en el Sur,
los melones, recién cogidos,
que gotean una dulzura
que Nueva York nunca podrá conocer.
Comemos sin quejarnos,
sin lloriquear, sin preguntarle a nuestra madre
cuándo habrá jarabe, mantequilla, leche...
Recordamos a Greenville
sin ella, agradecemos nuestras bendiciones en silencio
y masticamos.

primer grado

Con mi mano en la de mi hermana,
caminamos las dos cuadras
hasta la escuela pública P.S. 106...
Tengo seis años
y mi hermana me dice que nuestra escuela fue una vez
    un castillo.
Yo le creo. La escuela ocupa
toda una manzana de la ciudad.
Adentro
las escaleras de mármol zigzaguean hacia las aulas
    llenas
de pupitres de madera oscura
clavados a pisos de madera oscura, pulidos
con un brillo intenso y hermoso.

Estoy enamorada de todo lo que me rodea,
las líneas blancas punteadas que se cruzan,
el pizarrón de mi maestra, el olor a tiza,
la bandera que sobresale de la pared y oscila
    lentamente
sobre mí.

No hay nada más hermoso que la escuela pública 106,
nada más perfecto que mi salón de primer grado.

Nadie más amable que la señorita Feidler
que me recibe en la puerta cada mañana,

toma mi mano de la de mi hermana,
sonríe y dice:
Ahora que Jacqueline está aquí,
puede por fin empezar el día.

Y yo le creo.
Sí, de verdad le creo.

otro salón del reino

Porque mi abuela llama y pregunta
si estamos difundiendo la palabra de Jehová,
porque mi madre le promete a mi abuela
que nos criará bien ante los ojos de Dios,
ella consigue un Salón del Reino en la avenida
  Bushwick
para que podamos mantener
nuestras costumbres.
Cada domingo, nos ponemos la ropa de Salón del
  Reino,
sacamos nuestras mochilas de Salón del Reino,
llenas de nuestros libros de Salón del Reino,
y caminamos las siete cuadras
hasta el Salón del Reino.

Esto es lo que nos recuerda a Greenville:
Planchar las cintas de satén el sábado por la noche,
la lucha de Hope con el nudo de su corbata,
nuestro pelo con aceite, estirado hacia atrás en trenzas,
las manos de nuestra madre menos seguras
que las de nuestra abuela, las partes torcidas,
las trenzas que se deshacen.

Y ahora Dell y yo
tenemos que planchar solas nuestros vestidos.
Tengo las manos,
dice mi madre
—parada contra el fregadero,
con Roman en llanto de una mano
y en la otra un tetero con leche
bajo el chorro del agua caliente—,
llenas.

Mi madre nos suelta en la puerta del Salón del Reino,
nos mira caminar
por el pasillo hasta donde los hermanos y hermanas
están esperando
para ayudarnos a pasar las páginas de la Biblia,
se agachan para compartir sus cánticos con nosotros
y depositar gomitas salvavidas en nuestras manos
expectantes...

Mientras, nuestra madre se ha ido
de vuelta a casa
o a un banco del parque
donde se sentará y leerá hasta que la reunión termine.
Ahora tiene un trabajo a tiempo completo.
El domingo, dice,
es su día de descanso.

bandera

Cuando los niños de mi clase preguntan por qué
no se me permite jurar lealtad a la bandera
les digo: *Va en contra de mi religión,*
pero no les digo: *Estoy en el mundo*
pero no le pertenezco, eso no lo entenderían.
Aunque mi madre no es testigo de Jehová,
nos hace seguir sus reglas
y dejar el aula cuando se presta juramento.

Cada mañana, me salgo del salón con Gina y Alina,
las otras dos testigos de Jehová de mi clase.
A veces Gina dice:
Tal vez deberíamos rezar por los niños
de adentro que no saben que Dios dijo:
"Ningún otro ídolo antes de mí",
y que nuestro Dios
es un Dios celoso.
Gina es una verdadera creyente.
Su Biblia está abierta
durante el tiempo de lectura.
Pero Alina y yo jugamos nuestros roles de testigos
como si fuera el papel que nos asignaron
en una obra de teatro,
y una vez fuera del escenario

corremos libres, cantamos
América la bella y *La bandera estrellada*
muy lejos de nuestras familias,
y nos sabemos cada palabra.

Lo que más queremos Alina y yo,
más que cualquier otra cosa,
es volver al salón de clases,
ponernos la mano sobre el corazón
y decir:
"Juro lealtad..." en voz alta
sin que nuestro Dios celoso nos mire arriba a abajo.
    Sin que nuestros padres se enteren.
Sin la voz de nuestras madres
en la mente diciéndonos:
Eres diferente.
Elegida.
Buena.

Cuando el juramento termina,
volvemos en fila india al salón de clases,
tomamos nuestros asientos separados,
Alina y yo muy lejos de Gina.
Pero Gina siempre nos mira
como si dijera:
Las estoy vigilando.
Como si dijera:
Lo sé.

porque somos testigos

No hay Halloween.
No hay Navidad.
No hay cumpleaños.
Incluso cuando otros niños
ríen porque nos salimos de la clase
justo cuando llega el bizcocho de cumpleaños,
fingimos que no vemos el glaseado de chocolate,
fingimos que no queremos
hacer presión con la punta de los dedos
sobre cada chispa de color
y llevarlas, tan dulces,
una por una
hasta la boca.

No votamos.
No peleamos.
No maldecimos.
No vamos a la guerra.

Nunca iremos a la guerra.

Nunca probaremos la dulzura de un bizcocho
de cumpleaños del salón de clase.
Nunca probaremos la amargura de una batalla.

lluvia de brooklyn

La lluvia aquí es diferente
a la lluvia de Greenville.
No huele a madreselva dulce.
No gotea suave el pino.
No hay resbalones ni deslizamientos en la hierba.
Solo mamá que dice: *Quédense adentro hoy, está*
    lloviendo,
y yo en la ventana. Nada qué hacer sino
mirar
la acera gris que se oscurece,
mirar
las gotas que resbalan por el cristal,
mirar
la gente allá abajo que se mueve rápido
con la cabeza agachada.

Ya hay cuentos
en mi mente. Ya hay color y sonido y palabras.
Ya estoy dibujando círculos
en el vidrio de la ventana, tarareando
para mis adentros
en algún lugar muy lejos de aquí.

Allá abajo en el Sur siempre había otro lugar
adonde ir.
Uno podía salir a caminar bajo la lluvia,
y la abuela te dejaba
levantar la cabeza y sacar la lengua,
ser feliz.

Allá abajo en el Sur ya parece hace mucho tiempo,
pero los cuentos en mi mente
me llevan de regreso,
me posan en el huerto de papaíto
donde siempre brilla el sol.

de otra manera

Mientras nuestros amigos
ven la televisión o juegan afuera,
nosotros estamos en casa,
sabiendo que es inútil rogarle a nuestra madre
que encienda la televisión,
que rogarle que nos deje salir diez minutos
solo hará que ella nos diga:
No. Que diga: *Pueden dar carreras locas con sus amigos*
en cualquier momento. Hoy
quiero que encuentren otra forma de jugar.

Y entonces un día mi madre
llega a casa con dos bolsas de compras
llena de juegos de mesa: monopolio, damas, ajedrez,
Ants in the Pants, *Sorry* y *Trouble*,
casi todos los juegos que hemos visto
en los comerciales de nuestros dibujos animados
de los sábados por la mañana.

Tantos juegos que no sabemos
por dónde empezar, así que dejamos que Roman
    escoja.

Y él escoge *Trouble*
porque le gusta el sonido que hace el dado
cuando salta dentro
de su burbuja de plástico.
Y durante días y días es Navidad en noviembre.
Con juegos para cuando acabamos las tareas,
dinero de monopolio que contar
y damas para golpear el tablero,
hormigas que hay que meter en pantalones
azules de plástico,
piezas de ajedrez para practicar
hasta que entendamos el poder que tienen,
y cuando no entendemos,
Roman y yo protestamos
que hay otra manera de jugar
llamada nuestra manera, pero Hope y Dell nos dicen
que somos demasiado inmaduros
y luego se inclinan sobre el tablero de ajedrez en
    silencio.
Cada uno se convierte
en el próximo campeón de ajedrez de la casa,
dependiendo del día y la forma en que jueguen.

A veces, Roman y yo dejamos a Hope y a Dell solos,
nos vamos a otro rincón de la habitación
y nos volvemos
lo que los demás dicen que somos: "los más chiquitos",
jugamos juegos cuyas reglas conocemos:

la vieja y las damas,
el ahorcado y une los puntos

pero casi siempre
nos asomamos por encima de sus hombros
lo más callados posible,
mirando
esperando
queriendo entender
cómo jugar de otra manera.

talentosa

Todo el mundo sabe que mi hermana
es brillante. Llegan cartas a la casa cerradas con esmero
en sobres de aspecto oficial, que mi hermana
entrega orgullosamente a mi madre.
Odella logró
Odella se destacó en
Odella ha sido recomendada para
Odella y su resultado sobresalicnte en

Es talentosa,
nos dicen.
Y la imagino rodeada de regalos.

Yo no soy talentosa.
Cuando leo, las palabras se tuercen, giran en la página.
Cuando se asientan, es demasiado tarde,
ya la clase siguió adelante.

Quiero atrapar las palabras un día,
quiero sostenerlas y luego soplarlas delicadamente,
verlas flotar
saliendo de mis manos.

a veces

Solo hay otra casa en nuestra cuadra
donde no vive el padre. Cuando alguien
pregunta por qué, el niño dice: *Se murió.*
La niña mira a lo lejos, hacia el final de la cuadra,
se lleva lentamente el pulgar a la boca.
El niño dice: *Yo era un bebé.*
Dice: *Ella no se acuerda,*
y señala a su hermana que se queda callada.

A veces miento acerca mi padre.
Murió, digo, *en un accidente de automóvil*
o *se cayó de un techo,* o si no
viene pronto.
La semana que viene y
la semana que viene y
la semana que viene... pero
si mi hermana está cerca
ella sacude la cabeza.
Dice: *Ya está inventando cuentos otra vez.*
Dice:
Ya no tenemos padre.

Dice:

Ahora nuestro abuelo es nuestro padre.

Dice:

A veces las cosas son así.

el tío robert

¡El tío Robert se mudó a Nueva York!

Oigo que sube las escaleras
de dos en dos y enseguida
llega a la puerta, la toca duro
hasta que nuestra madre le abre,
con rollos en el pelo, cerrándose la bata, susurrando:
Es casi medianoche, ¡no vayas a despertar a los niños!

Pero ya estamos despiertos, los cuatro, sonriendo
y saltando alrededor
de mi tío: ¿Qué me *trajiste?*

Nuestra madre nos manda a callar y dice:
Es demasiado tarde para regalos y cosas así.
Pero nosotros queremos regalos y cosas así.
Y ahora ella también sonríe feliz de ver
a su hermanito que vive allá
en Far Rockaway, donde el océano está justo ahí
si uno mira por la ventana.

Robert abre la mano para mostrar un par de aretes de
   plata,
le dice a mi hermana: *Este es un regalo por lo inteligente
   que eres.*
Yo quiero
ser inteligente como Dell,
quiero que alguien me dé plata y oro
solo porque mi cerebro se pone a pensar,
apenas necesita hacerlo,
pero no soy tan inteligente como Dell,
entonces la miro abrocharse las lunas de plata
en las orejas.
Digo: *Conozco a una chica diez veces más inteligente que
   ella.*
Le dan diamantes cada vez que saca cien en un examen.
Y Robert me mira, sus ojos oscuros sonríen, y me
   pregunta:
¿Eso lo inventaste o es real?
En mi cabeza
es tan real como cualquier cosa real.

En mi cabeza
gente de todo tipo hace todo tipo de cosas,
Le quiero decir eso,
que el mundo en el que vivimos aquí en Bushwick no
   es el único.
Pero ahora mis hermanos preguntan:

¿Qué me *trajiste?* y mi tío se saca regalos de los
  bolsillos,
de su maletín de cuero, de entre sus medias.
Le entrega a mi madre
un disco pequeño de 45 revoluciones de James Brown,
que no le gusta a ninguno de nosotros porque grita
  cuando canta.
Pero mi madre lo pone en el tocadiscos, le baja mucho
  el volumen
y luego hasta los niños bailamos alrededor.

Robert nos muestra los pasos que aprendió
en las fiestas de Far Rockaway. Sus pies son mágicos
y todos intentamos deslizarnos en el piso como él,
pero los pies nos traicionan.

¡Enséñanos, Robert! le decimos una y otra vez.
¡Enséñanos!

deseos

Cuando nos lleva al parque, el tío Robert nos dice:
Si cogen un diente de león que se sopla pueden pedir un
     deseo,
todo lo que deseen se hará realidad,
nos lo dice mientras perseguimos los deseos
     emplumados
alrededor de los columpios, debajo de los toboganes,
hasta que podamos alzarlos en la mano,
cerrar los ojos con fuerza, susurrar nuestro sueño
y luego ponerlos a volar en el universo
esperando que nuestro tío esté diciendo la verdad,
esperando que cada cosa que deseamos
se haga realidad
algún día.

creer

Los cuentos empiezan así:

Jack y Jill subieron a una colina, canta mi tío.
Ayer subí a una colina, digo yo.
¿Qué colina?
Una en el parque.
¿Qué parque?
El parque Halsey.
¿Quién estaba contigo?
Nadie.
Pero no te permiten ir al parque sin alguien.
Pero fui.
Tal vez lo soñaste, dice mi tío.
No, fui de verdad.

Y a mi tío le gustan los cuentos que invento.

...Vino una araña y se sentó al lado de ella.
A mí me picó una araña, digo yo.
¿Cuándo?
El otro día.
¿Dónde?

Aquí en el pie.
Muéstranos.
Ya se me quitó.

Pero mi madre me acusa de mentir.
Si mientes, dice, *un día robarás.*

No voy a robar.
Es difícil entender cómo una cosa lleva a la otra,
cómo los cuentos podrían algún día
convertirnos en criminales.

Es difícil entender
cómo funciona mi mente
—de una manera distinta de quienes me rodean—.
Cómo cada historia que me hacen,
se convierte en algo
que me sucede a mí.

Sigue inventando historias, dice mi tío.
Estás mintiendo, dice mi madre.

Tal vez la verdad exista en algún sitio
entre todo lo que me dicen
y el recuerdo.

desafinada

Comenzamos cada reunión en el Salón del Reino
con un canto y una oración
pero siempre llegamos tarde,
y entramos cuando los cancioneros rosados ya están
   abiertos,
miramos por encima del hombro de la gente,
pedimos a los hermanos y hermanas
que nos ayuden a encontrar la página.
Si es una canción que me gusta,
canto en voz alta hasta que mi hermana
me hace callar con un dedo en la boca.

Toda mi familia sabe que no sé cantar.
Mi voz, dice mi hermana, es desafinada.
Está sencillamente fuera de tono.

Pero yo canto de todas formas cada vez que puedo.

Aun las canciones aburridas de los Testigos me suenan
   bien,
las palabras

que nos dicen cómo quiere Dios que nos
  comportemos,
qué quiere que hagamos:
¡Regocijaos naciones con su pueblo!
¡Id a predicar de puerta en puerta!
Las buenas nuevas del reino de Jehová
¡Proclamadlas de orilla a orilla!

Es la música en torno a las palabras
la que escucho en mi cabeza,
aunque todos juren que *no puedo* oírla.
Es extraño que no escuchen
lo que yo escucho.

Es extraño que a mí

me suene tan bien.

eva y la serpiente

Los sermones de los domingos los dan los hombres.
A las mujeres no se les permite subir a un escenario
   así,
estar de pie solas para contar la historia de Dios.
No entiendo por qué, pero escucho de todos modos:

El primer día Dios creó los cielos y la tierra
y él los miró, y vio que era bueno.

Es un cuento largo, es un buen cuento.
Adán y Eva fueron creados,
una serpiente apareció en un árbol,
una serpiente que hablaba.
Entonces Eva tuvo que elegir:
la manzana que la serpiente
quería que se comiera se veía muy buena...
solo un mordisco.
Pero era la única manzana
en un reino lleno de manzanas
de la que Dios le había dicho:
No la toquen.

Es la mejor manzana del mundo, dijo la serpiente.
Anda, pruébala, a Dios no le importará.

Pero sabemos el final del cuento
y gritamos mentalmente:
¡No lo hagas, Eva! *¡Es el diablo dentro de esa serpiente!*
¡Te está engañando!

Pero Eva le dio un mordisco. Y aquí estamos,
sentados en un Salón del Reino
en una hermosa tarde de domingo,
deseando que Dios vea dentro de Su corazón
y sepa que no fue culpa nuestra.
¡Danos otra oportunidad!,
¡manda a la serpiente otra vez!,
¡prometemos que esta vez diremos que no!

nuestro padre se desvanece

Con tantas mudanzas
hemos olvidado a nuestra familia de Ohio,
hemos olvidado la voz de nuestro padre,
su forma lenta de arrastrar las palabras,
la forma en que él y su hermano David
hacían chistes que no eran graciosos
y se reían como si lo fueran.

Olvidamos el color de su piel.
¿Era morena oscura como la mía,
o más clara, como la de Dell?
¿Tenía los rizos sueltos de Hope y Dell
o mi pelo más apretado y con rizos?

¿Su voz era grave o aguda?
¿Era abrazador como la abuela Georgiana
—que nos abrazaba como si nunca fuera a dejarnos ir—
o abrazaba fuerte y rápido como mamá,
plantándonos los labios cálidos en la frente
donde el beso persistía
hasta mucho después
de que dijera *te amo*,

se pusiera el suéter
y se fuera a trabajar cada mañana?

En Brooklyn ya no hay llamadas de Ohio.
Ya no hay llamadas de nuestro padre
ni del abuelo Hope, ni de la abuela Grace,
ni de David, de Anne, de Ada o de Alicia.

Es como si cada familia
hubiera desaparecido de la otra.

Pronto, alguien que conoce a alguien en Ohio,
que conoce a los Woodson,
le dice a mi madre que el abuelo Hope murió.
En la cena, esa noche, nuestra madre nos da la noticia
pero seguimos comiendo porque no sabíamos
que todavía estuviera vivo.

Y por un momento pienso en Jack... nuestro padre.
Pero luego,
tan rápido como llega,
el pensamiento desaparece.

Ojos que no ven, corazón que no siente, dice mi
    hermano.

Pero solo una parte de mí cree que sea cierto.

a mitad del camino a casa
número 2

Durante mucho tiempo
hay un solo árbol en nuestra cuadra.
Y aunque todavía resulta extraño
estar tan lejos de la tierra blanda
bajo los pies descalzos,
el suelo es firme aquí y las ramas de ese solo árbol
se abren lo suficiente para dar sombra a cuatro
   edificios.
La ciudad se afianza a mi alrededor,
mis palabras salen rápido:
ahora cuando hablo, el dejo suave del Sur en mi
   lengua
casi ha desaparecido.

¿Quiénes son estos niños de la ciudad?
Mi abuela ríe, con voz
triste y lejana en el teléfono.
Pero es una llamada de larga distancia
de Greenville a Brooklyn, demasiado dinero
y no hay tiempo suficiente para explicarle
que Nueva York es piedra gris
y carros que andan rápido,

que los semáforos cambian pronto
y mi hermana tiene que apretarme fuerte la mano
mientras cruzamos hasta donde un hombrecito canta
¡Piragua! ¡Piragua!
vendiendo hielo raspado en un carrito blanco
lleno de botellas y más botellas de jarabe
con sabor a frutas de color rojo y morado, naranja y
    azul,
que la boca se nos hace agua bajo el sol caliente
mientras le entregamos las monedas de veinticinco
y esperemos con paciencia
que vierta el jarabe sobre el hielo
y nos lo dé en conos de papel.

Volveremos a casa pronto, abuela,
le promete cada uno de nosotros.
Te queremos.

Y cuando ella dice *yo también los quiero,*
el Sur le pesa tanto en la boca
que mis ojos se llenan de la ausencia
de todo y de todos
los que haya conocido alguna vez.

el come pintura

En la noche, de la esquina del cuarto
que compartimos los cuatro,
llega un rasca, rasca, rascar de pintura de yeso,
que desparece al llegar la mañana.

Mi hermano pequeño, Roman,
no puede explicar por qué la pintura
que se le deshace en la lengua
le resulta sabrosa.

Aun así, se come la pintura
y el yeso hasta que un agujero blanco
crece donde había pintura verde clara.

Y demasiado tarde lo atrapamos,
con los dedos en la boca
y los labios cubiertos de polvo.

química

Cuando Hope habla, siempre habla de historietas
y superhéroes
hasta que mi madre le dice
que tiene que hablar de otra cosa.
Y entonces habla de ciencia. Quiere saberlo
todo
acerca de los cohetes, de medicina y de la galaxia.
Quiere saber dónde y cómo termina el cielo,
qué se siente cuando no hay gravedad
y qué es lo que comen los hombres en la luna.
Sus preguntas son tan veloces y tantas
que olvidamos lo callado que había sido,
hasta que mi madre le compra
un juego de química.

Y entonces cada día, durante horas después de la
    escuela
hace pociones,
mezcla químicos que apestan por toda la casa,
arroja pizcas de hierro limado,
hace brotar nubes de humo de líquidos
de colores extraños.

Estamos fascinados por él,
agachado sobre la estufa
con sus lentes protectores
y un tubo de ensayo sujetado con una pinza
en su mano enguantada.

Los días en que nuestra madre le dice
que no quiere que llene la casa
con el olor de sus pociones,
él desbarata sus trenes,
estudia una por una hasta la menor piececita,
y luego los vuelve a armar poco a poco.

No sabemos qué es lo que busca
cuando registra las cosas por dentro
o estudia la forma en que las cosas cambian.
Cada ¡guau! que murmura
me hace pensar que él,
con sus investigaciones
—y Dell con sus lecturas y aun Roman
con su empeño de comerse la pared
hasta el otro lado—,
está buscando algo, algo mucho más allá de Brooklyn.

Algo
allá
afuera.

el bebé de la casa

Y entonces un día, Roman no se levanta,
el brillo del sol entra por la ventana del cuarto,
los demás estamos vestidos, listos para salir.
No hay risas —solo lágrimas mientras lo sostenemos—.
Más lágrimas cuando lo acostamos otra vez.
No quiere comer y ni siquiera mi madre
puede ayudarlo.

Cuando lo lleva al hospital

regresa sola.

Y durante muchos días
no hay ningún bebé en la casa y al fin
soy otra vez la bebé, deseando

no serlo. Deseando que no haya tanto silencio
donde la risa de mi hermano solía estar, deseando

que el verdadero bebé de nuestro hogar

estuviera en casa.

volver a casa de nuevo

Llega julio, y Robert nos lleva de regreso
a Carolina del Sur en el tren nocturno.
Le damos un beso de despedida
a nuestro hermanito en su cama del hospital,
donde él estira los brazos llorando
porque quiere ir con nosotros.

Sus palabras son débiles como agua,
apenas un susurro con mucho aire alrededor.

Yo también voy, dice,

pero él no va.
No esta vez.
Mi madre dice que tiene plomo en la sangre
de la pintura que él se las ingenia para coger
de la pared de nuestro cuarto y comérsela
cada vez que le damos la espalda.
Aparecen pequeños agujeros sobre la pintura verde,
estrellas blancas que nuestra madre cubre una y otra
     vez.
Pero, aun así, él se las ingenia.

Todos lo abrazamos,
prometemos traerle dulces y juguetes,

prometemos que no nos divertiremos sin él
en el Sur.

Cada uno de nosotros se inclina
para recibir el beso de nuestra madre en la frente,
sus labios cálidos ya son un recuerdo

que cada uno de nosotros se lleva a casa.

de regreso a casa en hall street

La cocina de mi abuela es la misma,
grande y amarilla, y huele a la torta que hizo
para darnos la bienvenida.

Y ahora, al final de la tarde,
está en el fregadero, cortando repollos en tiras
bajo el agua fresca,
mientras los cuervos graznan afuera,
y al sol se hunde poco a poco en la púrpura y el oro.

Cuando Hope tira la puerta con malla,
ella se enoja:
¡Niño, no vuelvas a dar un portazo!
y mi hermano dice:
Lo siento.

Como siempre,

pronto habrá limonada en el porche,
el columpio cantará la misma canción llorona
que siempre canta en el atardecer,
mi hermano y mi hermana tendrán el juego de damas

entre ellos,
y yo estaré junto a mi abuelo,
durmiéndome sobre su hombro delgado.

Y ni siquiera es extraño que uno sienta
    como siempre sintió
que este es el lugar a donde uno pertenece,

el *hogar*.

la casa de la señora hughes

En Greenville, mi abuelo está demasiado enfermo
para seguir trabajando,
así que mi abuela tiene un trabajo a tiempo completo.
Ahora pasamos todos los días desde julio
hasta mediados de agosto
en la guardería y escuela de la señora Hughes.

Cada mañana, recorremos la vía larga y polvorienta
que lleva a la casa de la señora Hughes —grande, de
  piedra blanca,
con un patio que la rodea y pollos que picotean a
  nuestros pies—.
Más allá del patio crecen repollos y maíz,
hay un espantapájaros, serpientes negras y
  chotacabras.

Es una mujer corpulenta, alta, de piel amarilla y gruesa
  como una pared.
Me agarro fuerte a la mano de mi abuela, tal vez
  estoy llorando.

Mi abuela nos deja ahí
y los otros niños nos rodean, se ríen de nuestro pelo,
de nuestra ropa, de los nombres que nuestros padres
nos pusieron,
de nuestra forma citadina de hablar,
demasiado rápida,
demasiadas palabras que oír a la vez,
demasiadas palabras complicadas
salen de la boca de mi hermana.

Yo soy siempre la primera en llorar,
una palmada suave en un lado de mi cabeza,
un pellizco a escondidas,
las niñas que me rodean cantando: *¿Quién se robó la*
    galleta
del tarro de galletas? y me señalan
como si la canción fuera verdad.

Las lágrimas de mi hermana se demoran en llegar,
pero cuando aparecen, no son de tristeza.
Es algo diferente que la hace lanzar puñetazos
cuando las otras le tiran de las trenzas,
hasta quedarse con las cintas de satén recién
    planchadas,
las esconden en los hondos bolsillos de sus vestidos,
se las meten entre las medias flojas,
y las hunden en sus fiambreras plateadas.

Hope permanece en silencio,
le dicen que su nombre es de niña,
se ríen de sus orejas
que sobresalen demasiado.

Nuestros pies ya son parte
de dos mundos distintos, Greenville
y Nueva York.
No sabemos cómo venir a casa
y dejar atrás
el hogar.

como escuchar número 4

Los niños son malvados, dice Dell.
Solo ignóralos. Hagamos
como si tuviéramos algo mejor que hacer.

trabajo de campo

El sábado por la mañana es ahora el día más duro para
    nosotros.
Durante tres horas recorremos
las calles de Nicholtown,
llamamos a las puertas de extraños
esperando convertirlos
en hermanos y hermanas, en hijos de Dios.

Este verano me permiten tocar a mí sola a una puerta
por primera vez.
Una mujer mayor responde, sonriendo amablemente.
Qué niña tan especial eres, me dice.
Tengo cintas azul celeste en el pelo, sostengo firme
La Atalaya en mi mano enguantada de blanco,
llevo el vestido de lino azul que una amiga de mi
    abuela
me hizo, y que me llega justo encima de las rodillas.

Me llamo Jacqueline Woodson, digo casi en un susurro,
con la garganta seca de repente
casi sin voz.
Hoy he venido a traerle buenas nuevas...

Bueno, ¿y cuánto cuestan tus buenas nuevas?
inquiere la mujer.

Diez centavos.

Ella sacude la cabeza con tristeza, cierra la puerta un
   momento
para buscar bajo un baúl donde
espera que se le hayan caído una o dos monedas.
Pero cuando regresa, no tiene monedas en la mano.
Ah, me hubiera encantado leer la revista, dice,
pero no tengo dinero.

Y durante muchos días me duele el corazón
por la tristeza de que una mujer tan buena
no vaya a formar parte del nuevo mundo de Dios...

No es justo, le digo a mi abuela
después de muchos días.
Quiero volver. Quiero darle algo gratis.

Pero ya terminamos con esa franja de Nicholtown.
El próximo sábado estaremos en otro lugar.
Irá otro testigo, promete mi abuela.
Con el tiempo, dice, *esa mujer encontrará su camino.*

domingo por la tarde en el porche de adelante

Del otro lado de la calle,
Miss Bell, con una cofia de cuadros azules amarrada
bajo la barbilla, levanta la cabeza de su lecho de
    azaleas
y saluda a mi abuela. Estoy sentada a su lado
en el columpio del porche, Hope y Dell
apoyados contra la viga de madera en el tope
de las escaleras. Es como si siempre
hubiéramos estado en esta posición, el columpio
se mueve suavemente de un lado a otro,
el sol nos calienta la cara, es justo mediodía.

Veo que tus nietos volvieron para el verano,
    dice Miss Bell, *y están creciendo.*

Es domingo en la tarde.
En la parte de atrás, mi abuelo quita la maleza de su
    huerto,
excava suavemente en la rica tierra
para sembrar otras semillas de melón.
Se pregunta si esta vez crecerán.
Todo esto lo hace sentado en una silla pequeña,

con un bastón a su lado.
Se mueve como si estuviera bajo el agua, tose
duro y prolongadamente en un pañuelo,
llama a Hope cuando necesita que le muevan la silla,
me ve mirándolo y sacude la cabeza:
Te atrapé preocupada por mí, dice, *estás demasiado joven*
  para eso.
Así que deja ya, ¿me oyes?
Hoy tiene la voz tan fuerte y clara
que no puedo evitar sonreír.

Pronto me iré del porche,
me cambiaré la ropa del Salón del Reino
por unos shorts y una blusa de algodón,
mis zapatos de patente de Mary Janes
por los pies descalzos
y me uniré a mi abuelo en el huerto.

¿Por qué tardaste tanto?, dirá.
Estaba a punto de revolver la tierra sin ti.

Pronto será casi de noche y papaíto y yo
caminaremos despacio
para volver a la casa, donde
sacaré la sal de Epsom del estante,
llenaré la palangana con agua caliente,
le masajearé las manos hinchadas.

Pero por ahora,
me siento a escuchar a Nicholtown aquietarse
a mi alrededor,
y rezo para que un día Roman esté lo bastante bien
para conocer este momento.

Rezo para que tengamos siempre todo esto: el porche,
mi abuelo en el huerto, una mujer con una cofia
de cuadros azules que se desplaza entre sus azaleas...

Niños lindos, dice Miss Bell.
Pero la verdad es que Dios no los hace
de ninguna otra manera.

en casa, luego otra vez a casa

Demasiado pronto nuestro verano en Greenville
se está acabando.
Ya las llamadas de mi madre están llenas de planes
para nuestro regreso a casa.
Extrañamos la risa
de nuestro hermanito,
la forma en que corre hacia nosotros
al final del día de escuela
como si nos hubiéramos ido para siempre,
la forma en que enrosca sus manos
en las nuestras cuando vemos televisión,
agarrándose fuerte en las partes que lo asustan,
hasta que le decimos que Scooby-Doo viene al rescate,
Bugs Bunny se va a escapar,
que Underdog va a llegar antes de que el tren
atropelle a la dulce Polly.

Arrastramos los pies debajo de los columpios,
los brazos flojos enroscados alrededor de las cadenas,
ya no nos fascina la novedad del aparato,
la forma en que subíamos más alto que el tobogán,
e impulsábamos las piernas hacia el cielo

hasta que el aparato se sacudía con nuestro peso
y se levantaba del suelo.

El verano que viene, dijo mi abuelo, *lo fijaré con*
    cemento,
pero mientras tanto,
no se columpien duro.

Nuestras maletas están al pie de la cama,
abiertas y se van llenando poco a poco
de ropa de verano recién lavada,
y cada blusa, cada par de shorts,
cada vestido de algodón desteñido
alude a un cuento
que contaremos una y otra vez
durante todo el invierno.

en
lo profundo
de mi corazón
sí creo

familia

En los libros hay siempre un fueron felices para
  siempre.
El patito feo se transforma en cisne,
Pinocho se convierte en niño,
Gretel arroja a la bruja dentro del horno,
el Gigante egoísta sube al cielo.
Hasta parece que Winnie de Pooh
siempre termina consiguiendo su miel.
A la abuela de Caperucita Roja la liberan
del vientre del lobo.

Cuando mi hermana me lee,
espero el momento en que la historia avanza más
  rápido,
hacia el final feliz que sé que se avecina.

En el autobús de regreso de Greenville,
me despierto llegando al casi final feliz,
mi madre de pie en la estación, Roman en su
  cochecito,
su sonrisa radiante, sus brazos extendidos hacia
  nosotros,

pero vemos la banda blanca del hospital como una
   pulsera
en su muñeca. Mañana volverá allá.

No estamos todos finalmente a salvo
en casa.

un solo lugar

Durante mucho tiempo,
nuestro hermanito va y viene del hospital,
su cuerpo débil por el plomo,
su cerebro no hace
lo que se supone que un cerebro debe hacer.
No entendemos por qué es tan pequeño, tiene tubos
conectados a sus brazos, duerme y duerme...
cuando lo visitamos.

Pero un día
vuelve a casa. Los agujeros de la pared
están tapados y se han dejado sin pintar,
su cama está apartada de la *tentación*,
no hay nada que pueda arrancar.

Ahora tiene cuatro años,
sus crespos desaparecieron hace tiempo,
su pelo castaño oscuro es liso como un hueso,
extraño para nosotros, pero
es nuestro hermanito, los cuatro juntos otra vez

en un solo lugar.

maría

Estamos a finales de agosto,
de regreso de Greenville, en casa,
y lista para lo que me traiga lo que queda de verano.
Todos los sueños que esta ciudad guarda
están ahí mismo, afuera... basta salir al pasillo
y cruzar dos puertas hacia abajo,
hasta donde vive María,
mi nueva mejor amiga. Todas las mañanas
llamo a su ventana: *Sal.*
o ella toca nuestro timbre: *Sal.*
El cabello le cae en rizos alocados
más abajo de la espalda.
El español que habla es como una canción.
Estoy aprendiendo a cantar en español:
Mi amiga María.
María mi amiga.

cómo escuchar número 5

¿Cuál es tu mayor sueño?
me pregunta mi amiga María.
¿El sueño que deseas que se haga realidad?

la varoncito

Mi hermana Dell lee y lee
y nunca aprende a saltar cuerda
ni a rebotar la pelota contra la pared
de la fábrica de la esquina.
Nunca aprende a dar carreras
descalza por la cuadra
para convertirse
en la chica más rápida
de Madison Street.
No aprende a jugar
a esconder la correa
ni el juego del pañuelo
ni a patear una lata...
Pero yo sí y por eso me empiezan a llamar
Tomboy, la varoncito.
Mi madre dice que mi forma de caminar
le recuerda a mi padre.
Cuando me alejo de ella
a grandes zancadas
ella se acuerda de él.

se acabó el juego

Cuando mi madre llama:
Hope, Dell, Jackie ¡para adentro!
se acabó el juego.
Dell tiene que dejar de leer bajo el poste de la luz,
pero para mi hermano y para mí
¡se acabó *todo*!
No más robo del pañuelo
ni *coco levio 1-2-3,*
ni la señorita Lucy tuvo un bebé,
ni trompos,
ni la doble cuerda,
ni más de los congelados
ni esconder la correa
ni arvejas calientes y mantequilla.
No más
concursos de canto en la escalera de entrada.
No más
perseguir al camión de los helados:
¡Espere! ¡Espere, heladero!
¡Mi mamá me va a dar dinero!
No más mojarme en el hidrante

o pararme con los dos puños extendidos
con una moneda escondida en uno, cantando:
Escuela boba, escuela boba, ¿en qué mano está?

Cuando mi madre nos llama:
Hope, Dell, Jackie ¡para adentro!
nos quejamos mientras remontamos
la cuadra en el ocaso:
A todos los demás los dejan quedarse afuera hasta que
    oscurece.
Nuestros amigos detenidos en el momento,
la cuerda a medio enrollar en un trompo,
esperando a que los toquen y los descongelen,
rebuscando la letra de una canción,
goteando agua del hidrante,
en silencio, en medio de un *la señorita Lucy tenía un.*

El juego se acabó esta tarde
y solo oímos a nuestros amigos:
¡Ay... hombre!
¡Qué fastidio!
¡¿En serio?! ¡¿Tan temprano?!
¡Maldita sea!
Caray, ¡tu mamá sí es mala!
¡Madrugadores!
¿Por qué tiene que echarnos a perder el juego así?
¡Por Dios! ¡Ahora
el juego se acabó!

enseñanzas

Mi madre dice:

Cuando mamá trató de enseñarme

a preparar repollos y ensalada de papas
no quise aprender.

Ella abre la caja de mezcla para panqueques,
agrega leche y huevos, revuelve. Yo miro
agradecida por la comida que ahora tenemos:
el jarabe que aguarda en la despensa, y
las bananas para rebanarles encima.
Es sábado por la mañana.
Cinco días de la semana ella nos deja
para ir a trabajar en una oficina en Brownsville.
El sábado la tenemos para nosotros
todo el día.

Kay y yo no queríamos quedarnos adentro cocinando.

Ella revuelve los grumos de la masa, la echa
en la sartén que sisea, untada de mantequilla.

Queríamos estar con nuestros amigos
corriendo como locos por Greenville.

Más abajo había un hombre que tenía un árbol de
      duraznos.
Un día Robert se subió a la cerca y llenó un balde con
      duraznos.
No quiso compartirlos con nosotros,
pero nos dijo dónde estaba el árbol.
Y era ahí donde queríamos estar
para hurtar los duraznos de aquel árbol
¡y tirarle a vuestro tío los podridos!

Mamá quería que aprendiéramos a cocinar.

Pídeselo a los varones, decíamos.
Y mamá sabía que no era justo que las niñas
se quedaran adentro y los niños salieran a robar duraznos.
Así que nos dejaba a todos
quedarnos afuera hasta la hora de la cena.

Y entonces, dice, poniendo nuestro desayuno en la
      mesa,

era demasiado tarde.

intercambio de lugares

Cuando la madre de María prepara
arroz con habichuelas y tostones,
intercambiamos la comida.
Si al día siguiente hay escuela,
yo corro a la casa de María
con un plato caliente
del pollo asado de mi madre,
macarrones con queso Kraft,
a veces pan de maíz de caja,
a veces habichuelas verdes enlatadas,
lista para el primer bocado
de arroz con frijoles con sabor a ajo
y los plátanos verdes machacados
fritos, salados y calientes
de la madre de María...

María estará esperando, con su propio plato
cubierto con papel de aluminio.
A veces
nos sentamos una junto a la otra en su escalera,
con los platos intercambiados en las piernas.
¿Qué están comiendo las chicas?

preguntan los niños del barrio,
pero nunca respondemos, demasiado ocupadas
metiéndonos a la boca la comida que nos gusta.
Tu madre hace el mejor pollo, dice María,
el mejor pan de maíz. ¡Lo mejor de todo!
Ajá, digo yo,
supongo que mi abuela sí le enseñó algo a fin de cuentas.

escritura número 1

Es más fácil inventar cuentos que escribirlos.
Cuando hablo, las palabras me salen a borbotones.
La historia se despierta y camina por la habitación,
se sienta en una silla, cruza las piernas, dice:
Permitan que me presente. Y luego y sigue y sigue.
Pero cuando me inclino sobre mi cuaderno de
     redacción,
solo mi nombre sale rápido.
Cada letra, estampada nítidamente entre las líneas
azul pálido. Luego espacio blanco, aire,
y yo preguntándome: ¿Cómo se *deletrea presentarme?*
Intentando una y otra vez
hasta que solo hay pedacitos rosados de borrador
y un agujero
donde debería haber un cuento.

otoño tardío

La señorita Moskowitz nos llama uno por uno y dice:
Pasa al pizarrón y escribe tu nombre.
Cuando llega mi turno, camino por el pasillo
desde mi asiento de atrás, escribo *Jacqueline Woodson*
como lo he hecho cientos de veces, regreso a mi
    puesto,
orgullosa como nadie de mi nombre
en letras blancas sobre el pizarrón polvoriento.
Pero la señorita Moskowitz me para y dice:
Todas las letras en cursiva, por favor.
Pero como la *q* de Jacqueline es muy difícil,
escribo *Jackie Woodson* por primera vez,
y lucho solo un poco con la *k*.

¿Es así como quieres que te llamemos?

Quiero decir *no, me llamo Jacqueline,*
pero me asusta esa *q* en cursiva, sé
que tal vez nunca voy a poder enlazarla con la *c* y la *u*,
así que asiento con la cabeza,
a pesar de que estoy mintiendo.

la otra woodson

A pesar de que tanta gente cree
que mi hermana y yo somos gemelas,
yo soy la otra Woodson, la que llega cada año
al salón en el que ella estaba el año anterior.
Las maestras siempre sonríen cuando me llaman por
    mi nombre.
Woodson, dicen, *debes ser la hermana de Odella.*
Asienten con la cabeza lentamente, y una y otra vez
me llaman Odella y dicen: *Disculpa,*
¡te pareces tanto a ella y ella es TAN brillante!
entonces esperan a que mi brillo ilumine
el salón de clases. Esperan que mi brazo
se alce en el aire con todas las respuestas.
Esperan que mi lápiz recorra con rapidez
los problemas matemáticos demasiado fáciles
de la hoja mimeografiada. Esperan a que me pare
ante la clase, y lea con facilidad las palabras
con las que hasta estudiantes de secundaria tropiezan.
Y siguen esperando.
Y esperan
y esperan
y esperan

hasta que un día entran en el aula,
casi me llaman Odel... y luego se detienen

recuerdan que soy la otra Woodson

y empiezan a buscar el brillo

en otro pupitre.

escritura número 2

En la radio, Sly and the Family Stone están cantando
"Asunto de familia", con el volumen alto
porque es la preferida de mi madre,
la que ella pone una y otra vez.

No puedes irte porque tu corazón está aquí, canta Sly.
Pero no puedes quedarte porque has estado en otro lado.

La canción me hace pensar en Greenville y en
   Brooklyn,
los dos mundos en los que mi corazón vive ahora.
Escribo la letra, tratando de atrapar cada palabra
antes de que se haya ido,

y luego se las leo otra vez en voz alta a mi madre.
Así es como aprendo. Las palabras me llegan despacio
a la página hasta que las memorizo,
leo los mismos libros una y otra vez, copio
las letras de las canciones de los discos
y los anuncios de televisión, y las palabras
se asientan en mi mente, en mi memoria.
No todo el mundo aprende

a leer así —la memoria se encarga
y el resto de la mente deja de funcionar—,
pero yo sí.

Sly está cantando la letra
una y otra vez, como si intentara
convencerme de que todo este mundo
es solo un montón de familias
como la nuestra

que se ocupan de sus propios asuntos de familia.

Deja de soñar despierta, dice mi madre.

Así que me pongo otra vez a escribir letras
que son canciones y cuentos y mundos completamente
nuevos que se meten solos
en mi memoria.

poema del abedul

Antes de leer el poema mi maestra
tiene que explicar algo.
Un abedul, dice, es una especie de árbol.
Y como por arte de magia saca una foto
del cajón de su escritorio y el árbol
de repente se vuelve real para nosotros.

Cuando veo abedules balancearse de derecha a
*   izquierda...* empieza ella,
entre hileras de árboles más rectos y más oscuros,
me complace pensar...

y cuando lee, su voz baja tanto
y es tan hermosa
que algunos de nosotros recostamos la cabeza
en el escritorio para evitar derramar lágrimas
de felicidad

...que algún muchacho los estuvo meciendo.
Pero mecerlos no los deja doblados
como lo hacen las tormentas de hielo.

Y aunque nunca hemos visto una tormenta de hielo,
hemos visto un abedul, así que podemos imaginar
todo lo que necesitamos imaginar

por siempre y para siempre

hasta el infinito

Amén.

cómo escuchar número 6

Cuando me siento
a la sombra del roble de mi cuadra
el mundo desaparece.

leer

No soy mi hermana.
Las palabras de los libros se trenzan entre sí
y tienen poco sentido
hasta
que las leo una y otra vez
y el cuento se asienta en mi memoria.
Demasiado lento,
dice la maestra.
Lee más rápido.
Demasiado infantil,
dice la maestra.
Lee como una niña grande.
Pero no quiero leer más rápido
ni como una niña grande
ni de cualquier otra forma
que haga que el cuento desaparezca
demasiado rápido
de donde se está asentando dentro de mi cerebro
volviéndose poco a poco
parte de mí.
Un cuento que recordaré
mucho después de haberlo leído
dos, tres,
diez, cien veces.

stevie y yo

Cada lunes, mi madre nos lleva
a la biblioteca de la vuelta de la esquina.
Nos dejan sacar siete libros a cada uno.
En esos días nadie se queja
de que yo solo quiera libros ilustrados.

En esos días, nadie me dice que lea más rápido
que lea libros más difíciles
que lea como Dell.

Nadie está ahí para decirme: *No, ese libro no,*
cuando me detengo frente al librito en rústica
con un niño moreno en la portada:
Stevie.

Leo:
Un día mi mamá me dijo:
"¿Sabes que vas a tener un amiguito
que va a venir a quedarse contigo?".
Y yo dije: "¿Quién es?".

Si alguien me hubiera estado pidiendo
que leyera como mi hermana,
tal vez me hubiera perdido

el libro ilustrado lleno de gente morena,
mucha más de la que jamás
había visto en un libro.

El nombre del niñito era Steven
pero su madre lo seguía llamando Stevie.
Mi nombre es Robert, pero mi madre
no me llama Robertie.

Si alguien me hubiera quitado
el libro de la mano,
y hubiera dicho:
Eres demasiado grande para este
tal vez nunca hubiera creído
que alguien que se parece a mí
pudiera estar en las páginas de un libro,
que alguien que se parece a mí
tuviera una historia.

cuando le digo a mi familia

Cuando le digo a mi familia
que quiero ser escritora, sonríen y dicen:
Te esperamos en el patio de atrás con tu escritura.
Dicen:
Te oímos inventar todos esos cuentos.
Y,
Nosotros solíamos escribir poemas.
Y,
Es un buen pasatiempo, vemos cómo te mantiene callada.
Y dicen:
Pero tal vez deberías ser maestra,
abogada,
peluquera...

Lo pensaré, digo.

Y tal vez todos sabemos

que es solo otro
cuento mío.

papaíto gunnar

Es sábado por la mañana,
la voz de papaíto Gunnar
está del otro lado del teléfono.
Todos nos lanzamos a agarrarlo:
¡Déjame hablar con él!
¡Me toca a mí!
¡No, a mí!
Hasta que mamá nos pone en fila.

Él tose fuerte, respira profundamente.
Cuando habla, es casi un susurro.

¿Cómo están mis nietecitos de Nueva York?, quiere saber.

Estamos bien, digo, aferrada al teléfono,
pero mi hermana ya lo trata de agarrar,
y Hope y aun Roman,
todos ávidos del sonido
de su voz lejana.

¿Saben cuánto los quiero?

Hasta el infinito ida y vuelta, digo yo cómo lo he dicho
un millón de veces.

Y entonces, papaíto me dice:
Anda, y añádele un poquito más a eso.

hope en el escenario

Hasta que el telón sube, y él está allí,
de diez años y solo, en el centro del escenario
de la escuela pública 106,
nadie sabía que mi hermano mayor podía cantar.
Está vestido de pastor,
su voz suave y grave más segura
que sonido alguno que yo le hubiera escuchado.
Mi hermano mayor, tan callado
que solo habla
cuando se lo piden,
que tiene poco que decirle a cualquiera de nosotros,
excepto cuando habla de ciencia o de historietas,
ahora tiene una voz que hace círculos en el aire,
clara y dulce, desciende al lado de nosotros:

Tingalayo, ven burrito, ven.
Tingalayo, ven burrito, ven.
Mi burro camina, mi burro habla,
mi burro come con cuchillo y tenedor.
Oh Tingalayo, ven burrito, ven.

Hope sabe cantar... dice mi hermana maravillada
   cuando mi madre
y toda la audiencia empiezan a aplaudir.

Tal vez, pienso yo, hay algo así,
oculto en todos nosotros, un pequeño don del universo
a la espera de que lo descubran.

Mi hermano mayor levanta los brazos,
llama a su burro a casa.
Sonríe mientras canta,
la música suena más duro detrás de él.

Tingalayo...

Y en el auditorio a oscuras,
la luz solo ilumina a Hope
y es difícil creer que tenga
una voz tan mágica para el canto
y es aún más difícil de creer
que su burro viene corriendo a casa.

papaíto esta vez

Greenville es diferente este verano,

Roman está bien, afuera, en la parte de atrás,
columpiándose con fuerza. En algún momento
entre el verano pasado y este, nuestro papaíto
fijó el aparato de los columpios con cemento.
Román no conoció los días tambaleantes,
solo este momento, con sus zapatos Keds
azul oscuro apuntando hacia el cielo,
su risa y sus gritos como la brisa
a través de la malla de la puerta.
Ahora mi abuela lo manda a callar
porque papaíto descansa en su cuarto, con las mantas
hasta la barbilla,
su cuerpo delgado mucho más pequeño de lo que
    recuerdo.

Solo un poquito cansado, me dice papaíto
cuando entro de puntillas con la sopa de pollo,
me siento en el borde de la cama y trato
de que tome sorbos pequeños.
Se esfuerza por sentarse, me deja darle pequeños tragos,

pero con unos pocos ya tiene suficiente.
Demasiado cansado para comer más,
Y entonces cierra los ojos.

Afuera Roman se ríe otra vez y el columpio
chilla con su peso.
Tal vez Hope está allí, empujándolo
por el aire. O tal vez Dell.
Los tres prefieren estar fuera.

Su cuarto huele mal, dice mi hermana.
Pero yo solo huelo la loción
que le froto a mi abuelo en las manos.
Cuando los otros no están cerca, él susurra:
Eres mi predilecta,
sonríe y me guiña el ojo. *Vas a estar bien,*
tú lo sabes.
Luego tose fuerte y cierra los ojos, su aliento
lucha por entrar y salir
de su cuerpo.

La mayoría de los días, estoy ahí con mi abuelo,
le cojo la mano
mientras duerme,
le sacudo las almohadas y le echo cuentos
de mis amigos allá en casa.
Cuando me lo pide, le hablo en español,
ese idioma que me rueda por la lengua

como si hubiera nacido hablándolo.
A veces, mi abuelo dice:
Cántame algo bonito.

Y cuando le canto para él, no desafino ni desentono.
Él dice que canto muy bonito.

Dice que soy perfecta.

lo que todo el mundo
sabe ahora

A pesar de que las leyes han cambiado,
mi abuela todavía nos lleva a la parte de atrás del
    autobús
cuando vamos al centro bajo la lluvia.
Es más fácil, dice mi abuela, *que hacer que los blancos
me miren como si fuera basura.*

Pero nosotros no somos basura, somos gente
que paga la misma tarifa que otra gente.
Cuando se lo digo a mi abuela, ella asiente
con la cabeza y dice: *Es más fácil quedarte donde te toca.*

Miro a mi alrededor y veo a los que caminan directo
a la parte de atrás, veo a los que se sientan adelante,
desafiando a cualquiera a que los haga cambiar de
    puesto.
Y yo sé que es así como quiero ser,
así sin miedo,
así valiente.

Pero mi abuela me toma de la mano en el centro,
me hace pasar de largo por los restaurantes en donde

ahora nos tienen que dejar sentar donde queramos:
No hay necesidad de causar problemas, dice,
ustedes regresan todos a Nueva York,
pero yo tengo que vivir aquí.

Pasamos de largo por Woolworth's
sin siquiera mirar las vitrinas
porque la única vez que mi abuela entró
la hicieron esperar y esperar: *Actuaron*
como si ni siquiera estuviera yo ahí.
Es difícil *no* imaginar ese momento:
mi abuela con su ropa de domingo,
en la cabeza un sombrero con una flor
prendida con un alfiler,
su bolso de patente, perfectamente sujeto
entre sus manos con guantes,
esperando en silencio, mucho tiempo
después de que hubiera pasado su turno.

al final del verano

El verano nos deja demasiado rápido,
le damos un beso de despedida a nuestros abuelos
y mi tío Robert está allí esperando
para llevarnos a casa.

Cuando abrazamos a nuestro abuelo
su cuerpo es solo huesos y piel.
Pero está levantado ahora, sentado en la ventana
con una manta que le cubre los hombros delgados.

Pronto volveré a ese huerto, dice,
pero la mayoría de los días
lo único que quiero es estar acostado y descansar.

Nos despedimos otra vez desde el taxi que rueda
    despacio
por la salida a la calle, vemos como la abuela,
que sigue diciendo adiós, se vuelve más pequeña
    detrás
de nosotros, y como el abuelo en su ventana
desaparece de nuestra vista.

far rockaway

Robert solo se queda el tiempo necesario
para que mi madre le agradezca
la compra de los boletos
para llevarnos a casa.

Él hace un giro elegante con el talón,
nos señala con dos dedos índices
y dice, *me pondré al día con todos ustedes más tarde.*

Le decimos que tiene que volver pronto,
le recordamos todas las cosas que nos ha prometido:
viajes a Coney Island y al parque de atracciones de
    Palisades,
una muñeca Crissy
a la que el pelo le crece
un tractor Tonka,
Los viajes de Gulliver,
caramelos.

Dice que no lo olvidará,
nos pregunta si pensamos que es un hombre de
    palabra

y todos, excepto mi madre,
asentimos con la cabeza.

Es difícil no notar las cejas de mi madre
mientras mira preocupada a su hermano chiquito
apretando los labios.
Una vez, en mitad de la noche, dos policías
llamaron a nuestra puerta preguntando por Robert
      Leon Irby.
Pero mi tío no estaba aquí.

Así que ahora mi madre respira profundo y dice:
Cuídate.
Dice:
No te metas en problemas por ahí, Robert.

Él le da un abrazo, le promete que no lo hará
y luego se va.

aire fresco

Cuando vuelvo a Brooklyn, María no está.
Se fue al norte del Estado, a quedarse con una familia,
me dice su madre, que tiene una piscina.
Entonces su madre me sirve un plato de comida,
y me dice que sabe bien que me encanta su arroz con
    pollo.

Cuando María regresa está bronceada
y lleva un nuevo conjunto de shorts.
Todo en ella parece diferente.
Me quedé en casa de gente blanca, me dice.
Gente blanca rica. El aire del norte es diferente.
¡Tiene un olor que no se parece a nada!
Me da un trozo de chicle que dice Bubble Yum
en letras brillantes.
Esto es lo que mascan allá arriba.
El pueblo se llamaba Schenectady.

El resto del verano María y yo
solo compramos Bubble Yum,
y soplamos bombas grandísimas
mientras hago que me cuente una y otra vez

los cuentos de la familia blanca de Schenectady.

No dejaban de decir que yo era pobre
y trataban de darme cosas, dice María.
Tenía que estar diciéndoles que el lugar donde vivimos
no es pobre.

El próximo verano, le digo, solo deberías venir al Sur.
Allá sí es diferente.

Y María me promete que lo hará.

En la acera dibujamos rayuelas
en las que jugamos con trozos de losa, escribimos
    con tiza:
María y Jackie, las mejores amigas para siempre,
cada vez que encontramos un suelo liso.
Lo escribimos tantas veces
que es difícil caminar
por nuestro lado
de la calle sin mirar
hacia abajo y vernos allí.

p. s. 106 haiku

Jacqueline Woodson.
Por fin estoy en cuarto grado.
Afuera llueve.

aprendo de langston

Amaba a mi amigo.
Se alejó de mí.
No hay nada más que decir.
El poema termina,
Suave como empezó...
Amaba a mi amigo.

Langston Hughes

Amo a mi amiga
y todavía la amo
cuando jugamos
nos reímos.
Espero que nunca se aleje de mí
porque amo a mi amiga.

Jackie Woodson

el gigante egoísta

En el cuento del Gigante Egoísta,
un niñito abraza a un gigante
al que nunca habían abrazado antes.
El gigante se encariña con el niño, pero un día
el niño desaparece.
Cuando regresa, tiene cicatrices en las manos
y los pies, como Jesús.
El gigante muere y se va al Paraíso.

La primera vez que mi maestra
nos lee el cuento en clase,
lloro toda la tarde y todavía estoy llorando
cuando mi madre llega a casa esa noche del trabajo.

Ella no entiende por qué
quiero oír un cuento tan triste una y otra vez,
pero me lleva a la biblioteca a la vuelta de la esquina
cuando se lo ruego
y me ayuda a encontrar el libro para tomarlo prestado:
El gigante egoísta, de Oscar Wilde.

Leo el cuento una y otra vez.

Como el gigante, yo también me enamoro del niño
    Jesús
lindo. Tiene algo tan dulce que quiero ser su amiga.

Entonces un día, mi maestra me pide que pase al
    frente
a leer en voz alta. Pero no necesito llevar el libro.
El cuento del Gigante Egoísta está ahora en mi cabeza,
vive allí, en mi memoria.

Cada tarde, cuando volvían de la escuela,
los niños solían ir a jugar al jardín del gigante...
Le cuento a la clase todo el cuento que fluye de mí
completo hasta el final cuando el niño dice:

"Estas son las heridas del amor...
Me dejaste jugar una vez en tu jardín,
hoy vendrás conmigo a mi jardín, que es el Paraíso...".

¿Cómo hiciste eso?, me preguntan mis compañeros.
¿Cómo te aprendiste de memoria todas esas palabras?

Pero yo solo me encojo de hombros, sin saber qué
    decir.
¿Cómo explicarle a alguien que los cuentos
son como el aire para mí?
Entran y salen de mí, como cuando respiro,
una y otra vez.

¡Brillante!, dice mi maestra sonriendo.
Jackie, eso fue absolutamente hermoso.

Y ahora sé
que las palabras son mi Tingalayo,
las palabras son mi esplendor.

los poemas sobre mariposas

Nadie me cree cuando digo
que estoy escribiendo un libro sobre mariposas,
aunque me ven con la pesada enciclopedia *Childcraft*
sobre las piernas, abierta en las páginas
donde viven la monarca, la dama pintada, la gigante
de cola de golondrina
y las mariposas reinas.
Incluso una que llaman del *Buckeye*, del Castaño.

Cuando escribo las primeras palabras:
Alas de mariposa susurran...

nadie cree que un libro completo pueda surgir
de algo tan simple
como las mariposas, *que ni siquiera*, dice mi hermano,
viven mucho tiempo.

Pero en el papel, las cosas pueden vivir para siempre.
En el papel, una mariposa
nunca muere.

seis minutos

Las hermanas del Salón del Reino tienen seis minutos
para estar en el escenario. En parejas o de a tres,
pero nunca solas.
Tenemos que escribir sainetes
en los que visitamos a otra hermana
o quizás a alguien que no es creyente.
A veces la obra sucede en su mesa de cocina ficticia,
otras veces, estamos en la sala,
pero en la vida real estamos en sillas plegables,
sentadas en el escenario del Salón del Reino.
La primera vez que tengo que dar mi charla
pregunto si puedo escribirla yo misma
sin que nadie me ayude.
En mi historia hay caballos y vacas
aunque se supone que el tema principal
es la historia de la resurrección.
Digamos, por ejemplo, escribo,
que tenemos una vaca y un caballo a los que amamos.
¿Es la muerte el fin de la vida para esos animales?
Cuando mi madre lee esas líneas
sacude la cabeza: *Te estás alejando del tema*, dice:

Tienes que quitar a los animales de ahí e ir directo al grano:
Empieza con la gente.

No sé qué se supone que haga
con la parte fabulosa,
la más interesante de mi historia,
en la que los caballos y las vacas
empiezan a hablar conmigo y unos con otros,
y a pesar de que son viejos y no van a vivir mucho más,
no tienen miedo.
Solo tienes seis minutos, dice mi madre,
y no, no puedes levantarte y caminar por el escenario
para enfatizar el argumento. Tienes que dar la charla
   sentada.

Así que empiezo de nuevo y reescribo:
Buenas tardes, hermana. Estoy aquí hoy
para traerle buenas noticias.
¿Sabía que la palabra de Dios es absoluta?
Si acudimos a Juan,
capítulo cinco, versículos veintiocho y veintinueve...

y me prometo que llegará un momento
en que podré usar el resto de mi historia
y estar de pie cuando la cuente
y darme a mí misma, a mis caballos y a mis vacas
mucho más tiempo
¡que seis minutos!

273

primer libro

Hay siete de ellos,
más que todo haikus, pero que además riman.
No basta para un libro de verdad,
hasta que corto cada página en un cuadro pequeño,
uno los cuadros engrapándolos,
escribo un poema
en cada página.
Mariposas por Jacqueline Woodson
en la portada.

El libro de las mariposas
está listo.

la tienda de gangas de john

A la avenida Knickerbocker
todos los de la cuadra van a comprar.
Hay una pizzería si te da hambre,
a 75 centavos la porción.
Hay una heladería donde las barquillas cuestan 25
   centavos,
una tienda de zapatos Fabco y un salón de belleza.
Una tienda de todo a cinco y diez centavos
de Woolworth's, y una tienda de Gangas de John.
   Durante mucho tiempo
no puse un pie en Woolworth's.
En Greenville no dejaban que los negros
comieran en sus cafeterías, le dije a María.
¡Ni sueñen con mi dinero!
Así que María y yo vamos a la tienda de gangas
donde tres camisetas cuestan un dólar.
Las compramos en rosa pálido, amarillo y azul celeste.
Cada noche hacemos un plan:
Ponte la amarilla mañana, dice María,
y yo me pongo la mía.
Durante todo el año nos vestimos igual.
Caminamos de arriba a abajo por la calle Madison

esperando a que alguien nos diga: *¿Ustedes son primas?*
y entonces sonreímos y decimos:
¿No se nos ve?

niña nueva

Entonces un día una nueva niña se muda a la casa de
  al lado,
nos dice que su nombre es Diana y se convierte
en la Segunda Mejor Amiga en el Mundo Entero
de María y mía.
Y aunque la madre de María
conocía a la madre de Diana en Puerto Rico,
María me promete que eso no hace que Diana sea *más
  mejor amiga*,
dicho en español. Pero algunos días en que llueve
y mamá no me deja salir,
las veo caminar por la cuadra, de manos agarradas,
yendo a la vuelta de la esquina a buscar chucherías
en la bodega.
En esos días, el mundo parece tan gris y frío
como en realidad lo es
y es difícil creer
que la nueva niña no es *más mejor* que yo.
Es difícil no creer
que mis días como la mejor amiga de María
por siempre y para siempre, amén, están contados.

pasteles y pernil

Cuando bautizan a Carlos, el hermano de María,
es solo un bebé diminuto envuelto en un faldellín de
    encaje blanco,
con tantos billetes de veinte dólares en forma de
    abanico,
clavados por todas partes,
que parece un ángel verde y blanco.

María y yo estamos paradas junto a la cuna
hablando de todas las chucherías que podríamos
    comprar
con solo uno de esos abanicos.
Pero sabemos que Dios nos está vigilando,
y ni siquiera nos atrevemos a tocar el dinero.

En la cocina hay un pernil asándose en el horno.
Su delicioso olor llena la casa, y María me dice:
Deberías probar aunque sea un pedacito.
Porque no se me permite comer cerdo,
espero que repartan los pasteles,
espero los que su madre preparó rellenos de pollo,
para Jackie, mi ahijada,

espero el momento de quitarle el papel
a la masa de plátano machacado rellena de pollo,
partirla con las manos, y dejar que los trozos de *pastel*
se disuelvan en mi boca.
Mi madre hace los mejores pasteles de Brooklyn, dice
   María,
y yo pienso exactamente lo mismo
aunque solo he comido de los de su mamá.

Siempre que huele a *pernil* y *pasteles* en la cuadra,
sabemos que hay una celebración en ciernes.
Y esta noche, la fiesta es en casa de María,
la música está a todo volumen, la torta es grande,
y los pasteles que su madre tiene tres días preparando

están absolutamente perfectos.

Nos llevamos la comida a las escaleras de la entrada
justo cuando los adultos empiezan a bailar *merengue*,
las mujeres se levantan el vestido largo
para mostrar los movimientos rápidos de sus pies,
los hombres aplauden y gritan:
¡Baila! ¡Baila!, hasta que el piso de la sala desaparece.
Cuando le pregunto a María dónde está Diana, me
   dice:
Vienen más tarde. *Esta parte es solo para mi familia.*

Ella le quita al pernil la piel crujiente
y se lo come con arroz y frijoles.
Tenemos nuestros platos en equilibrio sobre las
    piernas,
grandes vasos de Malta a nuestro lado,
y durante mucho tiempo ninguna de las dos dice nada.

Ajá, digo. *Esto es solo para nosotros. La familia.*

palabrotas

Somos niños buenos,
la gente se lo dice a mi madre todo el tiempo, le dicen:
Tus niños son los más educados,
nunca les he oído una mala palabra.

Y es cierto, decimos *por favor* y *gracias,*
hablamos en voz baja, miramos a los adultos a los ojos,
les preguntamos: *¿Cómo está usted?*
Inclinamos la cabeza cuando rezamos.
No sabemos decir groserías.
Cuando tratamos de articular malas palabras
nos suenan extrañas, como si bebés recién nacidos
trataran de hablar y se les mezclaran los sonidos.

En casa no nos permiten palabras como:
estúpido, tonto, idiota o maldito.
No se nos permite decir:
Odio, o *me puedo morir,* o *me das asco.*

No se nos permite poner los ojos en blanco
o mirar a otro lado cuando mi madre nos habla.

Una vez mi hermano dijo *culo* y no lo dejaron jugar
   afuera
después de la escuela durante una semana.

Cuando estamos con nuestros amigos
y enfadados murmuramos: *tú, estúpido cretino,*
y nuestros amigos se ríen y luego nos lanzan chorros
   de maldiciones
como balas, saborean las palabras con los labios
como si hubieran nacido pronunciándolas.
Nos alientan a aprender y nos dicen: *¡Solo dilo!*

Pero no podemos. Aun cuando lo intentamos
las palabras se nos quedan atravesadas en la garganta
como si nuestra madre estuviera allí esperando,
retándonos a que nos atrevamos a decirlas.

afros

Cuando Robert viene
con el pelo abultado en un afro,
yo le ruego a mi madre
que me deje llevar el mismo peinado.
Todos en el vecindario tienen uno
y todos los negros en *Soul Train*,
el programa de televisión.
Hasta a Michael Jackson y a sus hermanos
les dieron permiso para llevar el pelo así.
Mi madre dice que no,
pero ella misma se pasa buena parte
de la mañana del sábado ante el espejo de su
 habitación,
levantándose el cabello
en una enorme y hermosa cúpula negra.

Lo cual es completamente y cien por ciento
injusto, pero ella dice:
Esa es la diferencia entre ser gente grande y ser un niño.
Cuando no me ve,
le saco la lengua.
Mi hermana sí me ve y dice:

Y esa es la diferencia
entre ser una niña y ser gente grande,
como si ella tuviera veinte años.
Luego me pone los ojos en blanco y sigue leyendo.

grafiti

Tu *tag* es tu nombre escrito con pintura de aerosol
Tal como quieras y donde quieras.
Ni siquiera tiene que ser tu verdadero nombre,
como Loco, el que vive en la calle Woodbine.
Su verdadero nombre es Orlando, pero todos lo llaman
por su *tag*, que está por todas partes en Bushwick,
con letras negras y rojas
y ojos chiflados dentro de las O.
Algunos niños suben al techo de los edificios,
se cuelgan del borde y desde allí, bocabajo,
pintan sus nombres con espray.

Pero María y yo solo sabemos del suelo,
solo sabemos de la fábrica de la esquina
con la pared recién pintada de rosado claro.
Yo solo sé cómo me brinca el corazón
mientras presiono el botón, escucho el silbido de la
    pintura,
y veo como empieza J-A-C.

Solo sé del sonido de la voz de mi tío,

que me ataja antes de que mi nombre
forme parte del cuento, como los de los tejados y
las escaleras de incendio y los vagones del metro.
Desearía saber explicarle.
Desearía tener las palabras
para atajar su ira
y atajar su fuerza cuando me agarra la mano.
Desearía saber cómo decirle:
¡*Solo* déjame escribir, *en todas partes!*

Pero mi tío vuelve a preguntar una y otra vez:

¿Qué es lo que te pasa?
¿Te volviste loca?
¿No sabes que a la gente la meten presa por eso?

Son solo palabras, murmuro.
¡No buscan hacerle daño a nadie!

música

Cada mañana la radio se enciende a las siete en punto.
A veces Michael Jackson canta que A-B-C es tan fácil
como 1-2-3
o Sly and the Family Stone nos agradecen
que los dejemos ser ellos mismos.
A veces es una música más lenta, los Five Stairsteps
     nos dicen
que las cosas van a ser más fáciles, o los Hollies
     cantan:

No es pesado,
es mi hermano
así que seguimos adelante...

Mi madre nos deja
escoger la música que queremos escuchar
siempre y cuando la palabra *funk*
—que es muy equívoca y además suena como *toño*—
no aparezca por ninguna parte en la canción.
Pero en el verano en que yo tengo diez años,
la palabra *funk* está en todas y cada una de las
     canciones

que se oyen en las buenas emisoras de radio negras.
Así que nuestra madre nos hace escuchar
las emisoras blancas.

Toda la tarde gente sensiblera canta acerca de
   Colorado,
acerca de cómo todo es bello
acerca de que estamos solo al comienzo.
Mi hermana se enamora de los cantantes,
pero yo me escabullo a la casa de María
donde, a salvo en su habitación
con su alfombra afelpada rosa y sus literas,
podemos peinar a nuestras muñecas y cantar
junto con los Ohio Players:

   Es él el gusano
   Más buena onda del mundo.

Podemos bailar el baile de la gallina,
decirles a los intrusos imaginarios
que se vayan para el toño,
fuera de nuestra vista.
Decimos la palabra tan fuerte y
tan alto y tantas veces,
que se nos convierte en otra cosa,
algo tan bobo
que nos reímos solo de pensar en ella.
Toño, toño, toño,

cantamos una y otra vez hasta que la palabra es solo
un sonido que no tiene que ver con nada
ni bueno ni malo, ni correcto ni incorrecto.

rikers island

Cuando entra la llamada telefónica en plena noche,
no es para anunciarnos que alguien se murió.
Es Robert, que llama desde una cárcel llamada Rikers
    Island.
Incluso desde donde estoy medio dormida,
puedo oír el profundo suspiro de mamá cuando
    susurra:
Sabía que esto iba a pasar, Robert,
sabía que no estabas haciendo lo debido.

Por la mañana, nos comemos el cereal en silencio
mientras nuestra madre nos cuenta
que nuestro tío pasará un tiempo sin venir.
Cuando le preguntamos adónde se ha ido, dice:
A la cárcel. Cuando le preguntamos por qué, ella dice:
No importa, lo queremos,
es lo único que necesitamos saber y tener presente.
Robert andaba por el camino ancho, dice ella,
y ahora está pagando por eso.

Los testigos creen que hay un camino ancho y uno
    estrecho.

Ser bueno a los ojos de Dios es caminar por el
    estrecho,
vivir una vida buena y limpia,
rezar y hacer lo debido.

En el camino ancho, hay todo tipo de cosas malas
que cualquiera se puede imaginar.
Imagino a mi tío dando sus elegantes pasos
de baile por el camino ancho,
sonriente y con la música a todo volumen.
Lo imagino riendo, poniéndonos monedas en la palma,
sacando regalos de su bolso, con una gruesa pulsera
de oro que lanza destellos en su muñeca.
¿De dónde sacaste eso?, preguntó mi madre con la cara
    tensa.
No importa, respondió mi tío. *Ustedes saben que los
    quiero a todos.*

¿Estás haciendo lo que es debido, Robert?, quiso saber mi
    madre.
Sí, dijo mi tío. *Te lo juro.*

Llueve todo el día. Nos quedamos sentados en la casa
esperando a que salga el sol para poder salir.
Dell lee en el rincón de nuestro cuarto.
Yo saco mi estropeado cuaderno de escritura,
trato de escribir otro poema de mariposas.
No me viene nada.

La página se asemeja al día, arrugada y vacía
no le promete nada
a nadie.

mudanza al norte del estado

Desde Rikers Island, a mi tío lo envían
a una prisión al norte del estado
donde lo podemos visitar.

No sabemos qué aspecto tendrá, cuánto habrá
   cambiado.
Y porque nuestra madre nos advierte que no lo
   hagamos,
no le digo a nadie que está en la cárcel.

Cuando mis amigos me preguntan,
les digo: *Se mudó al norte del Estado,*
vamos a visitarlo pronto.

Vive en una casa grande, digo, *con un gran patio y todo.*

Pero su ausencia se asienta en mí.
Cada vez que James Brown suena en la radio,
veo a Robert bailando.

Cada vez que sale el comercial de la muñeca Crissy
pienso en que casi me dio una.

Es mi tío preferido, digo una tarde.

Es nuestro ÚNICO tío, dice mi hermana.
Y sigue leyendo.

en el autobús a dannemora

Nos montamos en el autobús justo cuando el sol
le está dando un beso de despedida al cielo.
La oscuridad es como una capa en la que nos
    envolvemos
y volvemos a dormir durante horas.
Desde algún sitio encima de nosotros
los O'Jays cantan, diciéndole a la gente del mundo
    entero
que se den la mano y pongan en marcha un tren de
    amor.
La canción me mete y me saca de un sueño
meciéndome suavemente, y en el sueño
un tren lleno de amor pasa sin fin.

Y en el cuento que parte de la canción,
el autobús ya no es un autobús y ya no vamos
a Dannemora. Pero hay comida y risas y la música.
La niña que cuenta el cuento soy yo y no soy yo
al mismo tiempo: ve todo esto,
lo escribe tan rápido como puede,
canta con los O'Jays, les pide a todos

que dejen que este tren siga rodando...
que "rápido ruede por los rieles..."

y es el cuento de todo un tren lleno de amor
y de cómo la gente que va en él no está en la cárcel
sino que puede libremente bailar y
cantar y abrazar a su familia
cada vez que quiera.

En el autobús algunos duermen,
otros miran por la ventana o hablan en voz baja.
Aun los niños están quietos.
Tal vez cada uno de ellos
está pensando su propio sueño:
de padres, de tíos, hermanos y primos
que un día van a tener la libertad
de subir a bordo.

Please don't miss this train at the station
'Cause if you miss it, I feel sorry, sorry for you.

Por favor, no pierdas este tren en la estación
porque si lo pierdes, me apiado, me apiado de ti.

demasiado buena

El bus sale poco a poco de la ciudad
hasta que podemos ver las montañas, y por encima de
   ellas,
tanto cielo azul.

Pasando las montañas.
Pasando el mar.
Pasando los cielos,
es allí donde pronto estaré.

Una canción viene a mi mente,
las palabras se mueven por mi cabeza
y me salen de la boca en un susurro, pero mi hermana
escucha, pregunta quién me la enseñó.

La acabo de inventar, le digo.

No, no lo hiciste, me responde ella.
Es demasiado buena, alguien te la enseñó.

Yo no le respondo, solo miro por la ventana y sonrío.

Demasiado buena, pienso.
Las cosas que invento son demasiado buenas.

dannemora

A la entrada de la cárcel
los guardias nos fulminan con la mirada
y luego lentamente nos dejan entrar.

Mi hermano grande tiene miedo,
mira el alambre de púas
y se mete las manos en los bolsillos.
Sé que desearía estar en casa con su juego de química.
Sé que quisiera estar en cualquier lugar, menos aquí.
No hay sino piedra y un edificio grande
que se extiende hasta tan alto,
hasta tan lejos hacia atrás y hacia adelante
que no podemos ver dónde empieza ni dónde podría
    terminar.
Ladrillo gris, ventanas pequeñas enrejadas.
¿Quién podría ver hacia fuera desde allí?
Los guardias nos revisan los bolsillos,
revisan nuestras bolsas, nos hacen pasar
por máquinas de rayos X.

Mi hermano grande extiende los brazos.
Deja que los guardias lo palpen

desde el hombro hasta el tobillo
buscando cualquier cosa
que pueda esconder...
Él es Hope Austin Woodson Segundo,
parte de un largo linaje de Woodsons: doctores y
abogados y profesores.

Pero en un abrir y cerrar de ojos,
puede convertirse en un número,
como Robert Leon Irby es ahora.
Hay tantos números en el bolsillo
de su uniforme de preso,
que es difícil quitarles los ojos
mientras esperamos
que se conviertan en las letras
que deletrean su nombre.

no es robert

Cuando el guardia lleva a nuestro tío a la sala de
   espera,
llena de otras familias que están esperando,
no es Robert.
Su afro no está, se lo afeitaron y
quedó reducido a una sombra negra
en cráneo perfecto.
Sus cejas son más gruesas de lo que recordaba,
caen hacia abajo de una forma nueva, más triste.
Aun cuando sonríe
y abre los brazos para abrazarnos
a todos a la vez, lo poquito que atisbo
antes de saltar a su abrazo, es una medio sonrisa,
atrapada y encerrada dentro de un tío
nuevo, más triste.

canción de la montaña

En el camino a casa, después de visitar a Robert,
miro las montañas pasar a mi lado
y poco a poco la canción de la montaña regresa
con más palabras esta vez,
y más rápido de lo que puedo cantar.

Pasando las montañas.
Pasando el mar.
Pasando los cielos
que esperan por mí.

Miren las montañas.
Qué hermoso mar.
Y hay una promesa de que el cielo
está lleno de gloria.

Canto la canción una y otra vez,
callada contra la ventana,
con la frente pegada al vidrio frío,
las lágrimas brotan rápido ahora.
La canción me hace pensar en Robert, en papaíto
y en Greenville

y en todo lo que siento muy lejos de mí ahora,
en todo lo que se aleja

o ya se ha ido.

Pienso que si puedo guardar el recuerdo de esta
    canción,
llegar a casa y escribirla, entonces ocurrirá:
Seré escritora. Seré capaz de conservar
cada momento,
cada recuerdo,
todo.

un poema en papel

Cuando alguien de la familia me pregunta
qué estoy escribiendo, suelo decir:
Nada
o
Un cuento
o
Un poema
y solo mi madre dice:
Mientras no escribas sobre nuestra familia.

Y no lo estoy haciendo.

Bueno, no en realidad...

Allá arriba en las montañas,
lejos del mar,
hay un lugar llamado Dannemora
donde los hombres no son libres...

papaíto

A comienzos de la primavera
mi abuela manda a buscarnos.

Hace suficiente calor para creer que la comida
va a volver a venir de la tierra recién descongelada.
Con este es el clima, dice mi madre, era que a papaíto
le encantaba trabajar en su huerto.
Llegamos poco antes de que mi abuelo exhalara
su último aliento,
sin aliento nosotros
porque es nuestro primer viaje en avión.

Quiero contárselo todo:
el ruido que hizo el avión cuando se elevó hacia el cielo,
nosotros volteados todos hacia las ventanillas,
viendo como Nueva York se volvía pequeña y moteada
debajo de nosotros.
Cómo la comida llegó en pequeñas bandejas,
con algún tipo de pescado
que ninguno se comió.
Quiero contarle que la azafata nos dio unas alas
para abrocharlas a las blusas y camisas y le dijo a mamá

que éramos lindos y nos portábamos bien.
Pero mi abuelo está dormido cuando llegamos a su
    cama,
solo abre los ojos solo para sonreír, se voltea para que
    mi abuela
pueda pasarle unos cubitos de hielo por los labios.
Ella nos dice: *Ahora necesita descansar.*
Esa noche muere.

El día en que lo entierran, mi hermana y yo llevamos
vestidos blancos, los varones camisa blanca y corbata.
Caminamos despacio a través de Nicholtown, en un
    largo
desfile de gente que lo quería...
Hope, Dell, Roman y yo íbamos adelante.
Así enterramos a nuestros muertos:
un desfile en silencio por las calles
para mostrar al mundo nuestra tristeza.
Gente que conoció a mi abuelo
se suma a la marcha, los niños saludan,
los adultos se pasan la mano por los ojos.

Cenizas a las cenizas, decimos en el cementerio
con cada puñado de tierra que lanzamos poco a poco
sobre el ataúd que desciende.
Nos vemos tarde o temprano, decimos.
Nos vemos tarde o temprano.

cómo escuchar número 7

Incluso el silencio
tiene una historia que contarte.
Solo escucha,
escucha.

dispuesta a cambiar el mundo

después de greenville número 2

Después de que papaíto muere,
mi abuela vende la casa de Nicholtown,
le da la silla marrón a Miss Bell,
las ropas de papaíto a los hermanos del Salón del Reino,
la mesa de la cocina y las sillas de color amarillo claro
a su hermana Lucinda en Fieldcrest Village.

Después de que papaíto muere
mi abuela trae a Brooklyn
la cama en la que nació nuestra madre.
Desempaca sus vestidos
en el pequeño dormitorio
vacío de abajo,
pone su Biblia, las *Atalaya* y los *Despertar*,
una foto de papaíto
en la pequeña estantería marrón.

Después de que papaíto muere
la primavera se esfuma en el verano,
ahí mismo llega el invierno
demasiado rápido y frío
y mi abuela acerca una silla a la ventana

de la sala,
observa cómo el árbol deja caer la última de sus hojas
mientras los niños juegan a *skelly* con chapas de
   botella
y al trompo en medio de nuestra tranquila calle de
   Brooklyn.

Después de que papaíto muere
aprendo poco a poco a saltar a la doble cuerda,
tropezando una y otra vez con mis pies demasiado
   grandes.
Cuento: *diez, veinte, treinta, cuarenta*, en pleno invierno,
hasta que una tarde
la gravedad me suelta y mis pies vuelan libres en las
   cuerdas,
cincuenta, sesenta, setenta, ochenta, noventa...

mientras mi abuela me observa.
Nuestros dos mundos cambiaron para siempre.

mata de mimosa

Una mata de mimosa, verde y de ramas finas,
se abre paso a través de la nieve. Mi abuela trajo
con ella las semillas de su casa.

A veces, acerca una silla a la ventana
y mira más allá del patio.

La promesa de las aceras brillantes
parece ahora muy lejana en el tiempo,
sin diamantes que encontrar por ningún lado.

Pero algunos días, justo después de que cae la nieve,
el sol sale y hace brillar la promesa
de que el árbol más allá de nuestra casa,
va a estar acá con nosotros.

Brilla sobre el suelo blanco y brillante.

Y en esos días, tanta luz y calor
llenan la habitación
que es difícil no creer

un poco en todo.

cigarrillos de chicle

Uno puede comprar una caja de cigarrillos de chicle
por diez centavos en la bodega de la esquina.
A veces, María y yo caminamos hasta allá,
con los dedos entrelazados, cada una
con cinco centavos en el bolsillo.

El chicle es rosado
envuelto en papel blanco,
cuando uno se lo mete en la boca y sopla,
sale una nube blanca.
Uno puede creer de verdad
que está fumando.

Hablamos con los cigarrillos de chicle entre los dedos.
Los sostenemos en el aire
como las estrellas de cine en la televisión.
Dejamos que nos cuelguen de la boca y nos miramos
con los ojos entrecerrados
y luego nos reímos de lo grandes y hermosas
que podemos ser.

Cuando mi hermana nos ve
fingiendo que fumamos, sacude la cabeza.
Por eso murió papaíto, dice.

Después de eso,
María y yo quitamos el papel
y convertimos nuestros cigarrillos en chicles normales.
Después de eso
el juego se acabó.

lo que quedó atrás

Tienes el estilo suelto de tu papaíto,
me dice mi abuela, con la foto de mi abuelo
en las manos. *Te veo con*
tus amigos y lo veo a él de nuevo.

Where will the wedding supper be?
Way down yonder in a hollow tree...

¿Dónde se hará el banquete de bodas?
Allá bien abajo, en un árbol hueco...

Miramos la foto sin hablar.
A veces, no consigo las palabras para las cosas,
las palabras para escribir
que uno sabe con certeza que cada persona que muere
deja algo tras de sí.

Me tocó el estilo suelto de mi abuelo.
Tal vez sé que es así cuando me rio.
Tal vez sé que es así cuando pienso en papaíto
y lo siento tan cerca
como para recostar la cabeza en su hombro.

Recuerdo cómo se reía,
le digo a mi abuela, y ella sonríe y dice:

Porque te ríes igualita a él.
Dos gotas de agua eran ustedes.

Éramos dos gotas de agua.

los cuentos que cuento

Cada otoño, la maestra nos pide que escribamos
sobre las vacaciones de verano
y lo leamos a la clase.

En Brooklyn, todos van al Sur
o a Puerto Rico
o a casa de su primo en Queens.

Pero después de que mi abuela se muda a Nueva York,
solo vamos al Sur una vez
para el funeral de mi tía Lucinda.
Después, mi abuela dice
que el Sur se acabó para ella,
dice que la pone demasiado triste.

Pero ahora
cuando llega el verano

nuestra familia toma un avión
que vuela a

África
Hawai
Chicago.

En las vacaciones de verano fuimos a Long Island,
a la playa. Todos fueron a pescar
y todos pescaron un montón de peces.

Aunque nadie de mi familia ha estado nunca en Long
   Island,
ni ha pescado
ni le gusta el océano —demasiado profundo,
y da demasiado miedo—.
Aun así, cada otoño escribo una historia.

En mi escrito hay ahora un padrastro
que vive en California, pero que se encuentra
con nosotros dondequiera que vayamos.
Hay una iglesia, no un Salón del Reino.
Hay un carro azul, un vestido nuevo, pelo suelto sin cintas.

En mis cuentos, nuestra familia es tan normal como el
   aire
dos niños, dos niñas, a veces un perro.

¿Eso pasó *de verdad?*, preguntan los chicos de la clase.

Ajá, digo yo, si no fuera así, ¿cómo sabría qué escribir?

cómo escuchar número 8

¿Recuerdas...?
pregunta siempre alguien
y alguien siempre recuerda.

el destino y la fe y las razones

Todo sucede por una razón, dice mi madre.
Luego me cuenta cómo Kay
creía en la suerte y en el destino...
—todo lo que alguna vez sucedió o iba a suceder
no podía evitarse—. Los manifestantes del Sur
no simplemente se levantaron y empezaron
a marchar —todo formaba parte de un plan más largo,
más grande, que tal vez pertenecía a Dios.

Mi madre me lo dice mientras doblamos la ropa,
las toallas blancas separadas de las de color.
Cada una de ellas es una amenaza para la otra
y recuerdo una vez que derramé lejía
en una toalla azul y la manché para siempre.
De la toalla rosada pálida, un recuerdo
de cuando se lavó con una roja. Tal vez hay algo,
después de todo, en la forma en que
algunas personas quieren permanecer,
cada una como es.
Pero con el tiempo
tal vez
todo se va a desteñir y se va a volver gris.

Incluso el que todos nos hayamos venido a Brooklyn,
dice que mi madre, *no fue por accidente.*

Y no puedo dejar de pensar en los pájaros de aquí,
en cómo desaparecen en el invierno
y se van rumbo al Sur en busca de comida
y calor y refugio.
Rumbo al Sur
para seguir viviendo... y nos pasan por encima...

No hay casualidades, dice mi madre,
solo destino y fe y razones.

Cuando le pregunto a mi madre en qué cree,
ella se detiene, una toalla doblada a medias, y mira
por la ventana de atrás.

El otoño

está en pleno aquí y el cielo es azul brillante.

Supongo que ahora mismo creo en el ahora mismo, dice.
Y en la resurrección. Y en Brooklyn. Y en ustedes cuatro.

¿qué pasaría si...?

La madre de María nunca hubiera salido de Bayamón,
en Puerto Rico,
y mi madre nunca hubiera salido de Greenville.

¿Y si nadie hubiera caminado por los campos herbosos
que son ahora la calle Madison, y hubiera dicho
pongamos algunas casas aquí?

¿Y si la gente del edificio de María no hubiera vendido
el 1279 de la calle Madison
a los padres de María,
y si nuestro arrendador le hubiera dicho a mi madre
que no podía alquilarle el 1283
a alguien que ya tenía cuatro hijos?

¿Y si el parque con los columpios no estuviera
justo al otro lado de la avenida Knickerbocker?

¿Y si María no hubiera salido un día de su edificio
y hubiera dicho:
Me llamo María, pero mi madre me llama Gugu.
¿Y si yo me hubiera reído en lugar de decir:

Tienes suerte, a mí también me gustaría tener un apodo.
¿Quieres que en algún momento vayamos al parque?

¿Y si ella no tuviera una hermana y dos hermanos
y yo no tuviera una hermana y dos hermanos
y su padre no nos enseñara a boxear
y su madre no cocinara una comida tan buena?

No puedo siquiera imaginar nada de eso, dice María.

No, digo yo, *yo tampoco.*

clase de historia acerca
de bushwick

Antes de que unas madres alemanas se envolvieran
la cabeza con bufandas
le dieran un beso de despedida a sus madres
y se dirigieran
a Bushwick,
al otro lado del mundo...

Antes de que unos padres italianos cruzaran el océano
en busca del sueño de América
y fueran a dar a Bushwick...

Antes de que unas hijas dominicanas se pusieran
    vestidos de *quinceañeras*
y caminaran orgullosas por la avenida Bushwick...

Antes de que unos jóvenes morenos en shorts
    recortados
hicieran girar sus primeros trompos
y jugaran sus primeros juegos de skelly
en las calles de Bushwick...

Antes de todo eso, este lugar se llamaba *Boswijck*.

Había sido fundado por los holandeses
y Franciscus el Negro, un antiguo esclavo
que compró su libertad.

Y toda Nueva York se llamaba Nueva Ámsterdam,
y era gobernada por un hombre
llamado Peter Stuyvesant.
Aquí había esclavos.
Aquellos que podían hacerse dueños
de su libertad
vivían al otro lado del muro
y ahora ese lugar se llama Wall Street.

Cuando mi maestra dice:
Escriban entonces lo que eso significa para ustedes,
inclinamos la cabeza sobre nuestros cuadernos,
todos en silencio,
toda la clase pertenece a un lugar:
Bushwick.

Yo no simplemente aparecí un día.
Yo no simplemente me levanté y supe escribir mi nombre.

Ahora escribo sabiendo que me tomó
mucho tiempo llegar.

cómo escuchar número 9

Bajo el porche de atrás
hay un lugar solitario adonde
voy a escribir todo lo que he oído.

la tierra prometida

Cuando mi tío sale de la cárcel
ya no es solo mi tío,
es Robert el musulmán y lleva
un pequeño *kufi* negro en la cabeza.

Y aunque *nosotros* los Testigos
sabemos que somos los elegidos,
escuchamos las historias que nos cuenta
sobre un hombre llamado Mahoma
y un lugar sagrado llamado la Meca
y la fuerza de todo el pueblo negro.

Nos sentamos en círculo alrededor de él.
Sus manos se mueven pausadamente en el aire,
su voz es más apacible y armoniosa
que antes de que se fuera.

Cuando saca una pequeña alfombra para rezar,
me arrodillo a su lado, con ganas de ver
su Meca,
con ganas de conocer el lugar
que él llama la Tierra Prometida.

Mira con el corazón y la mente, me dice
con la cabeza gacha.
Está ahí fuera, delante de ti.
Cuando llegues sabrás que llegaste.

el poder para el pueblo

En la pantalla del televisor una mujer
llamada Angela Davis nos dice
que una revolución está en marcha

y que es hora de que los negros se defiendan.

Así que María y yo caminamos por las calles
con el puño levantado al estilo de Angela Davis.

Leemos sobre ella en el *Daily News*,
corremos al televisor cada vez que la entrevistan.

Ella es bella y poderosa
y tiene la misma sonrisa mía
con los dientes separados.
Soñamos con huir a California
para unirnos a las Panteras Negras,
la organización a la que Angela pertenece.

Ella no tiene miedo, dice,
de morir por lo que cree

pero no piensa morir
sin luchar.

El FBI dice que Angela Davis es una de las personas
Más Buscadas de América.

Hay ya tantas cosas que no entiendo,
¿por qué alguien tendría que morir
o incluso luchar por lo que cree?

¿Por qué la policía busca
a alguien que está tratando
de cambiar el mundo
para ponerlo preso?

No tenemos miedo de morir, gritamos María y yo
con los puños en alto, *por lo que creemos*.
Pero ambas sabemos que preferimos creer
y vivir.

dilo en voz alta

Mi madre nos dice que las Panteras Negras
están haciendo toda clase de cosas
para hacer del mundo un lugar mejor
para los niños negros.

En Oakland, iniciaron un programa de desayunos
    gratis
para que los niños pobres puedan comer algo
antes de empezar su día de escuela: panqueques, pan
    tostado,
huevos, fruta: vemos a los niños comer felices,
cantar canciones sobre lo orgullosos que se sienten de
    ser negros.
Cantamos la canción junto con ellos,
nos paramos en las bases de los postes de la luz y
    gritamos:
Dilo en voz alta: Soy negro y estoy orgulloso
hasta que mi madre grita desde la ventana:
Bájate antes de que te rompas el cuello.

No entiendo la revolución.
En Bushwick hay una calle que no podemos cruzar:

la avenida Wyckoff. Los blancos viven al otro lado.
Una vez a un niño de mi cuadra lo golpearon
porque andaba por allá.
Antes había cuatro familias blancas en nuestra cuadra
pero todos se mudaron excepto la anciana
que vive donde está el árbol. Algunos días, nos trae
    galletas,
nos cuenta historias del antiguo vecindario, cuando
    todos
eran alemanes o irlandeses, y aun algunos italianos
hacia la avenida Wilson.
Todo tipo de gente, dice. Y las galletas
son demasiado buenas como para que yo diga:

Excepto nosotros.

Todos saben de dónde son aquí.
No es Greenville

pero tampoco hay aceras con diamantes.

Todavía no sé qué es lo que haría
que la gente quisiera llevarse bien.

Tal vez nadie lo sabe.

Angela Davis sonríe,
con los dientes separados y hermosa

levanta el puño en el aire,
dice: *El poder para el pueblo*, me mira desde la
   televisión

directamente a los ojos.

tal vez la meca

Hay un adolescente en la cuadra al que le falta un
   brazo,
lo llamamos Leftie, el Zurdo, y nos dice
que perdió su brazo en Vietnam.
Eso es una guerra, dice. *Tienen suerte de ser*
demasiado jóvenes para ir.
Ya no duele, nos dice, cuando nos reunimos
a su alrededor.
Pero sus ojos son ojos tristes y algunos días le da la
   vuelta
a la manzana tal vez cien veces
sin decirle a nadie nada.
Cuando lo llamamos: *¡Hola, Leftie!*, ni siquiera voltea a
   mirar.

Algunas tardes, me arrodillo hacia la Meca con mi tío.
Tal vez la Meca
sea el lugar al que va Leftie en su mente
cuando el recuerdo de perder
su brazo se vuelve demasiado.
Tal vez la Meca sea buenos recuerdos,

regalos y cuentos y poesía y *arroz con pollo*
y familia y amigos...

Tal vez la Meca es el lugar que todos están buscando...

Está ahí mismo frente a ti, dice mi tío.

Sé que cuando llegue allá
sabré que llegué.

la revolución

No esperes a que tu escuela te enseñe, dice mi tío,
sobre la revolución. Está sucediendo en las calles.

Él salió de la cárcel hace más de un año
y su cabello es otra vez un afro, que se mueve
suavemente en el viento mientras nos dirigimos al
    parque.
Me tiene la mano apretada con fuerza,
incluso cuando no estamos cruzando la avenida
    Knickerbocker,
incluso ahora que soy demasiado grande para que me
    den la mano
y *cosas por el estilo.*

La revolución es que Shirley Chisholm se postuló para
la presidencia y el resto del mundo intentó imaginar
a una mujer negra en la Casa Blanca.

Cuando escucho la palabra
revolución
pienso en el carrusel con sus hermosos caballos
que dan vueltas como si nunca fueran a parar,

y casi siempre escojo el morado, me subo a él
y trato de alcanzar el anillo de oro, mientras suena
una música suave.

La revolución siempre va a estar ocurriendo.

Quiero escribir eso, que la revolución es como un
    tiovivo,
siempre se hace historia en algún lugar
y tal vez por poco tiempo,
somos parte de esa historia y entonces la vuelta se
    detiene
y nuestro turno se acabó.

Caminamos despacio hacia el parque,
donde ya puedo ver

los grandes columpios vacíos, esperándome.

Y después de escribirlo, tal vez lo termine así:

Me llamo Jacqueline Woodson
y estoy lista para subirme a dar una vuelta.

cómo escuchar número 10

He de escribir lo que creo que sé.
El conocimiento vendrá.

Solo tengo que seguir escuchando...

una escritora

Eres escritora, me dice Ms. Vivo.
Sus ojos grises brillan detrás
de unas monturas de alambre delgado.
Tiene una sonrisa enorme.
De modo que le devuelvo la sonrisa,
feliz de oír esas palabras de la boca de una maestra.
Ella es feminista, nos dice, y treinta manos de quinto
    grado
se posan en el pupitre, donde el diccionarios nos
    espera
para abrirnos un nuevo mundo.
Ms. Vivo hace una pausa,
ve cómo nuestros dedos vuelan
por el *Webster's* buscando las respuestas.
Igualdad de derechos, grita un muchacho llamado
    Andrew,
para las mujeres.
Mis manos se inmovilizan en las finas páginas blancas.
Como los negros, la señorita Vivo también es parte de
    una revolución.

Pero aquí y ahora, esa revolución está muy lejos de mí.
Este momento, este *aquí*, este *ahora mismo* es mi
   maestra
que dice:
Eres escritora, mientras sostiene el poema
que acabo de empezar.
Las primeras cuatro líneas
se las robé a mi hermana:

> *Black brothers, Black sisters, all of them were great*
> *no fear no fright but a willingness to fight...*

> *Hermanos negros, hermanas negras, todos ellos*
>   *grandes,*
> *sin miedo, sin susto, con ganas de luchar...*

Te las puedes quedar, dijo Dell
cuando vio que me las había copiado:
Yo no quiero ser poeta.

Y entonces mi lápiz se movió hasta tarde en la noche:

> *En las casas lindas vivían los blancos*
> *en las viejas casuchas vivían los negros*
> *pero los negros eran tan finos*
> *que de miedo ni un comino.*
> *Uno de ellos era Martin*
> *un negro con corazón de oro.*

Eres escritora, dice Ms. Vivo con mi poema en la mano.

Parada frente a la clase
tomo el poema que ella me tiende
y mi voz tiembla al recitar el primer verso:

> *Hermanos negros, hermanas negras, todos ellos*
> *grandes...*

Pero con cada palabra mi voz suena más firme,
porque por más que nada en el mundo,
quiero creer lo que ella dice.

cada deseo, un sueño

Cada diente de león que soplo
cada *Luz de la estrella, luz radiante,*
primera estrella de esta noche.

Pido siempre el mismo deseo.

Con cada pestaña caída
o con la primera luciérnaga del verano...

El sueño sigue siendo el mismo.

¿Qué pediste?
Ser escritora.

Con cada moneda que cac cara
y en cada ensoñación y en cada sueño que tengo
y aunque la gente diga
que sueño con pajaritos volando...

Quiero ser escritora.

Cada amanecer y cada puesta de sol
y cada canción contra una ventanilla de autobús.

Pasando las montañas.

Pasando el mar.

Cada historia leída
cada poema recordado:

Amaba a mi amigo
y
Cuando veo abedules balancearse de derecha a izquierda
y
"No, respondió el niño, pero estas son las heridas del
    amor".

Cada recuerdo...

Ranita se fue de cortejo, y cabalgó ajá, ajá.

me acerca
más y más
a mi sueño.

la tierra desde muy lejos

Todos los sábados por la mañana, bajamos corriendo
a ver televisión. Justo cuando empieza a sonar el tema
del programa *La gran canica azul*,
los cuatro cantamos en coro:

La tierra es una gran canica azul
cuando se ve desde aquí afuera.

Entonces la cámara hace zoom sobre la esfera,
el azul se convierte en agua,
luego en tierra, luego en niños en África y Texas,
en China y España, ¡y a veces en Nueva York!
¡El mundo está ahora tan cerca que se puede tocar
y nuestra sala se llena de niños de todas partes!
que nos echan su cuento.

El sol y la luna declaran que nuestra belleza es muy poco
    común...

El mundo, *mi* mundo, como las palabras.
Una vez solo existía la letra *J* y la mano de mi
    hermana

sobre la mía para guiarla me prometía la infinitud.
Esta gran canica azul del mundo y las palabras,
y la gente y los lugares

dentro de mi cabeza

y también en algún lugar allá afuera.

Todo ello es mío ahora si solo escucho

y lo escribo.

lo que creo

Creo en Dios y en la evolución.
Creo en la Biblia y en el Corán.
Creo en la Navidad y en el Nuevo Mundo.
Creo que existe el bien en cada uno de nosotros
sin importar quiénes somos o en qué creemos.
Creo en las palabras de mi abuelo.
Creo en la ciudad y en el Sur,
en el pasado y en el presente.
Creo en la unión entre la gente negra y la gente blanca.
Creo en la no violencia y en el "poder para el pueblo".
Creo en la piel pálida de mi hermanito y en la mía
morena oscura.
Creo en el brillo de mi hermana y en los libros
demasiado fáciles que me encanta leer.
Creo en mi madre en un autobús
y en la gente negra que se niega a montarse.
Creo en los buenos amigos y en la buena comida.

Creo en los hidrantes contra incendios y en las
    cuerdas de saltar,
en Malcolm y en Martin, en castaños de Ohio y en
    Birmingham,

en escribir y escuchar, en buenas y malas palabras...
¡Creo en Brooklyn!

Creo en un día y en algún día y en este momento
perfecto
llamado *Ahora*.

cada mundo

Cuando hay muchos mundos,
puedes escoger
en cuál entrar cada día.

Puedes imaginarte brillante como tu hermana,
de movimientos más lentos, callada y pensativa
como tu hermano mayor, o llena de la alegría
y de la risa del chiquito de la familia.

Puedes imaginarte ahora que eres una madre
que toma un autobús al caer la noche,
se voltea para despedirse de sus hijos,
y ve el mundo de Carolina del Sur desaparecer detrás
    de ella.

Cuando hay muchos mundos, el amor puede
    envolverte,
decir: *No llores.* Decir: *Eres tan buena como cualquiera.*
Decir: *Acuérdate siempre de mí.* Y sabes,
aunque el mundo estalle a tu alrededor,
que eres amada...

Cada día un nuevo mundo
se abre para ti. Y todos los mundos que eres

Ohio y Greenville,
Woodson e Irby,
la niña de Gunnar y la hija de Jack,
testigo de Jehová y no creyente,
oyente y escritora,
Jackie y Jacqueline

forman juntos un solo mundo

llamado Tú

donde Tú decides

lo que cada mundo
cada historia
y cada final

será, en definitiva.

nota de la autora

La memoria es extraña. Cuando empecé a escribir
Niña morena sueña, los recuerdos de mi infancia en
Greenville llegaron en oleadas —los momentos tri-
viales y los más importantes también—; cosas en las
que no había pensado durante años y otras que nunca
he olvidado. Cuando empecé a escribirlo todo, me di
cuenta de cuánto echaba de menos el Sur. Así que,
por primera vez en muchos años, volví "a casa" y vi
a primos que no había visto desde que era pequeña,
escuché historias que había oído muchas veces de mi
abuela, caminé por caminos que eran muy diferentes
ahora, pero que seguían siendo los mismos de mi
infancia. Fue un viaje amargo y dulce. Ojalá hubiera
podido volver a recorrer esos caminos con mi madre,
mi abuelo, mi tío Robert, mi tía Kay y mi abuela. Pero
todos ya han hecho su propio viaje al próximo lugar.
Así que esta vez anduve sola por los caminos. Aun
así, sentí como si cada uno de ellos estuviera conmigo: todos están ahora profundamente grabados en mi
memoria.

Y eso es este libro: mi pasado, mi gente, mis recuerdos,
mi historia.

Sabía que no podía escribir sobre el Sur sin escribir sobre Ohio y, a pesar de que era muy niña cuando vivimos allá, tengo, por suerte, a mi increíble tía Ada Adamas, que es genealogista y la historiadora de nuestra familia. Ella era la persona a quien acudir, y la que llenó muchos vacíos de mi memoria. Mi tía Ada me llevó de vuelta a Columbus. Durante la escritura de este libro, volví a Ohio con mi familia. La tía Ada nos llevó a un viaje por el Ferrocarril Subterráneo —la red clandestina de vías de escape para los esclavos—, nos mostró las tumbas de los abuelos y bisabuelos, me contó mucho de la historia que me perdí de niña. La tía Ada no solo me mostró el pasado, sino que me ayudó a entender el presente. A menudo me preguntan de dónde vienen mis cuentos. Ahora sé que mis cuentos son parte de un continuo: mi tía es una narradora de cuentos. También lo eran mi madre y mi abuela. Y la historia que la tía Ada me mostró, la rica historia que es la mía, me hizo reflexionar y sentirme orgullosa a la vez. La gente que me precedió trabajó muy duro para hacer de este mundo un lugar mejor para mí. Sé que mi deber es hacer del mundo un lugar mejor para los que vengan después. Mientras pueda recordar eso, puedo seguir haciendo el trabajo para el que me pusieron aquí.

En la aventura de escribir este libro, mi padre, Jack Woodson soltó prenda cada vez que pudo. Al escribir esto sonrío, porque mi padre siempre me hace reír. Me complace pensar que adquirí un poco de su sentido del humor. Por muchos años no lo conocí. Cuando lo conocí otra vez a los catorce años, fue como si una pieza del rompecabezas hubiera caído del aire y aterrizado justo donde iba. Mi padre es esa pieza del rompecabezas.

Las lagunas también las llenó María, mi mejor amiga, que me ayudó a lo largo del camino con fotografías y cuentos. Cuando éramos chiquitas, solíamos decir que un día seríamos unas señoras viejas, sentadas en unas mecedoras, que recuerdan su niñez juntas y se ríen. Hemos sido amigas durante casi cinco décadas y todavía nos llamamos la una a la otra "mi amiga para siempre". Espero que todo el mundo tenga en su vida un amigo para siempre.

Pero al final del día me quedaba a solas con *Niña morena sueña,* caminaba entre esos recuerdos y mi vida de escritora cobraba sentido como nunca antes lo había hecho.

A menudo me preguntan si tuve una vida difícil de niña. Pienso que mi vida fue muy complicada y muy rica. Viéndola retrospectivamente, creo que mi vida fue común y corriente y a la vez asombrosa. No podría imaginarme otra vida. Sé que tuve la suerte de nacer en una época en la que el mundo estaba cambiando frenéticamente, y que yo fui una parte de ese cambio. Sé que fui y sigo siendo amada.

No podría pedir nada más.

agradecimientos

Agradezco a mi memoria. También agradezco la ayuda que mi fabulosa editora, Nancy Paulsen, le prestó a mi memoria cuando la necesitó, al igual que le prestó ayuda Sara LaFleur. Este libro no estaría en el mundo sin mi familia, incluyendo a Hope, Odella y Roman, Toshi, Jackson-Leroi, y Juliet: gracias por la paciencia, por la lectura y la relectura. Gracias a mi amiga para siempre, María Cortez-Ocasio, a su marido Sam, y a sus hijas, Jillian, Samantha y Angelina. Incluso a su nieto, el pequeño Sammy. Y, por supuesto, a su madre, Darma gracias por alimentarme tan bien a lo largo de los años.

Toshi Reagon, gracias por leer esto y por acompañarme cuando me angustiaba. Gracias por tu música, tu orientación, tus cuentos.

Del lado de Ohio: un gran agradecimiento a mi tía Ada —¡extraordinaria genealogista!—, y a mi tía Alicia y a mi tío David y, por supuesto, a mi padre, Jack Woodson.

Del lado de Greenville: muchas gracias a mis primos Michael y Sheryl Irby, Megan Irby, Michael y Kenneth Sullivan, Dorothy Vaughn-Welch, Samuel Miller, La' Brandon, Monica Vaughn, y a todos mis demás parientes que me abrieron sus puertas, me hicieron pasar y me contaron sus historias.

En Carolina del Norte, mi gratitud a Stephanie Grant, Ara Wilson, Augusta y Josephine por la habitación de huéspedes fabulosamente silenciosa y por la cena al final del día durante muchos días, hasta que este libro estuvo cerca de ver la luz.

Del lado de Brooklyn y Vermont: gracias a mi aldea. ¡Estoy muy agradecida con todos ustedes!

In memoriam: gracias a mi madre Mary Anne Woodson, a mis tíos Odell y Robert Irby, a mi abuela Georgiana Scott Irby, a mi abuelo Gunnar Irby, y a mi tía Hallique Caroline (Kay) Irby.

Estos agradecimientos serían insuficientes sin un reconocimiento a las innumerables maestras que, de muy distintas maneras, le indicaron a esta muchacha morena el camino hacia su sueño.

acerca de la autora

Nacida en Columbus, Ohio, Jacqueline Woodson creció entre Greenville, Carolina del Sur, y Brooklyn, Nueva York. Culminó sus estudios universitarios con una licenciatura en Inglés y es autora de docenas de libros premiados para jóvenes, adolescentes y niños. Entre sus muchas distinciones están el Newbery Honor, el Coretta Scott King Award y el premio Jane Addams al libro infantil, todos recibidos en más de una ocasión. Además, ha sido galardonada con el National Book Award, el Margaret A. Edwards Award a la trayectoria vital por sus contribuciones a la literatura juvenil, el NAACP Image Award, el Premio al Libro de *Los Ángeles Times*, el E. B. White Read-Aloud Award, el Bank Street Claudia Lewis Award y el Sibert Honor Award.

En el 2018 recibió el Premio Astrid Lindgren Memorial y, en el 2020, le fueron otorgados la Beca MacArthur y el galardón internacional más importante de literatura infantil, el Premio Hans Christian Andersen. Todos sus libros, incluyendo *Niña morena sueña*, han sido best-sellers del New York Times. Actualmente vive con su familia en Brooklyn, Nueva York.

jacqueline
de niña

los padres de jacqueline

Jack

Mamá

Boda de mamá y Jack

Hope

Odella

Roman

los hermanos
de jacqueline

los woodsons
de ohio

Abuelo Hope

Abuela Grace

Jack

Tío David

Tía Anne

Tía Alicia

Tía Ada

Abuelo
gunnar
(papaíto)

los irbys de
carolina del sur

Tía Caroline (Kay)